♧賃貸建物には、アパート・賃貸マンション・一戸建てなどの住宅および貸ビル・店舗などがあり、民法の賃貸借の規定および借地借家法の借家の規定が適用されます。

全図解

わかりやすい

賃貸住宅の法律

矢島 忠純 他著

はしがき

「借家」といえば、古い一戸建ての賃貸住宅を連想する方も多いと思います。しかし、借地借家法（旧借家法）に規定する「借家」は、建物を賃貸借するすべての場合を含み、したがって一戸建て住宅の賃貸はもとよりアパート、賃貸マンション、さらには営業用の店舗や事務所としての建物の賃貸も含みます。まず、この点を理解しておいてください。

借家（「賃貸建物」）の問題は、住宅用にしろ営業用にしろ、賃借人の生活（場合によっては賃貸人）の基盤をなすものであることから、問題が生じると厄介なこととなります。実例で示せば、バブル期には再開発などの理由から、建物の明渡しの紛争が続発しました。バブルが崩壊した今日では、こうした明渡し紛争は影をひそめましたが、これに代わって家賃の不払いあるいは契約終了時の原状回復を理由とする敷金の未返還などの紛争が増加しています。

本書では、こうした借家に関する起こりがちな問題点を中心に、できる限り分かりやすく解説しました。紛争が起きる前の予防知識あるいは紛争解決のために活用していただければ幸いです。

なお、本文中では、「建物の賃貸人」は「家主」、「建物の賃借人」は「借家人」として多くの部分は解説しました。したがって、会社の営業用のビルの賃借の場合などでは、「ビルの持主」を「家主」、「会社」を「借家人」と読み替えていただければ幸いです。また、本書掲載の条文は、分かりやすくするために一部書き直しを行ったために、正規の条文とは文言が異なっています。以上、付記しておきます。また、今改訂では、民法改正に伴う見直し等を行いました。

令和2年7月1日

著者　矢島　忠純

目次

第1章

第3章

7 目次

序章

賃貸住宅の法律の基礎知識

♧アパート・賃貸マンション・一戸建てなどの建物の賃貸借には、民法や借地借家法の借家に関する規定が適用されます。

◆借家とは何か

★アパート・マンション・一戸建てなど、建物を借りる場合を借家と言います。

■図解1・借家契約と法律のしくみ■

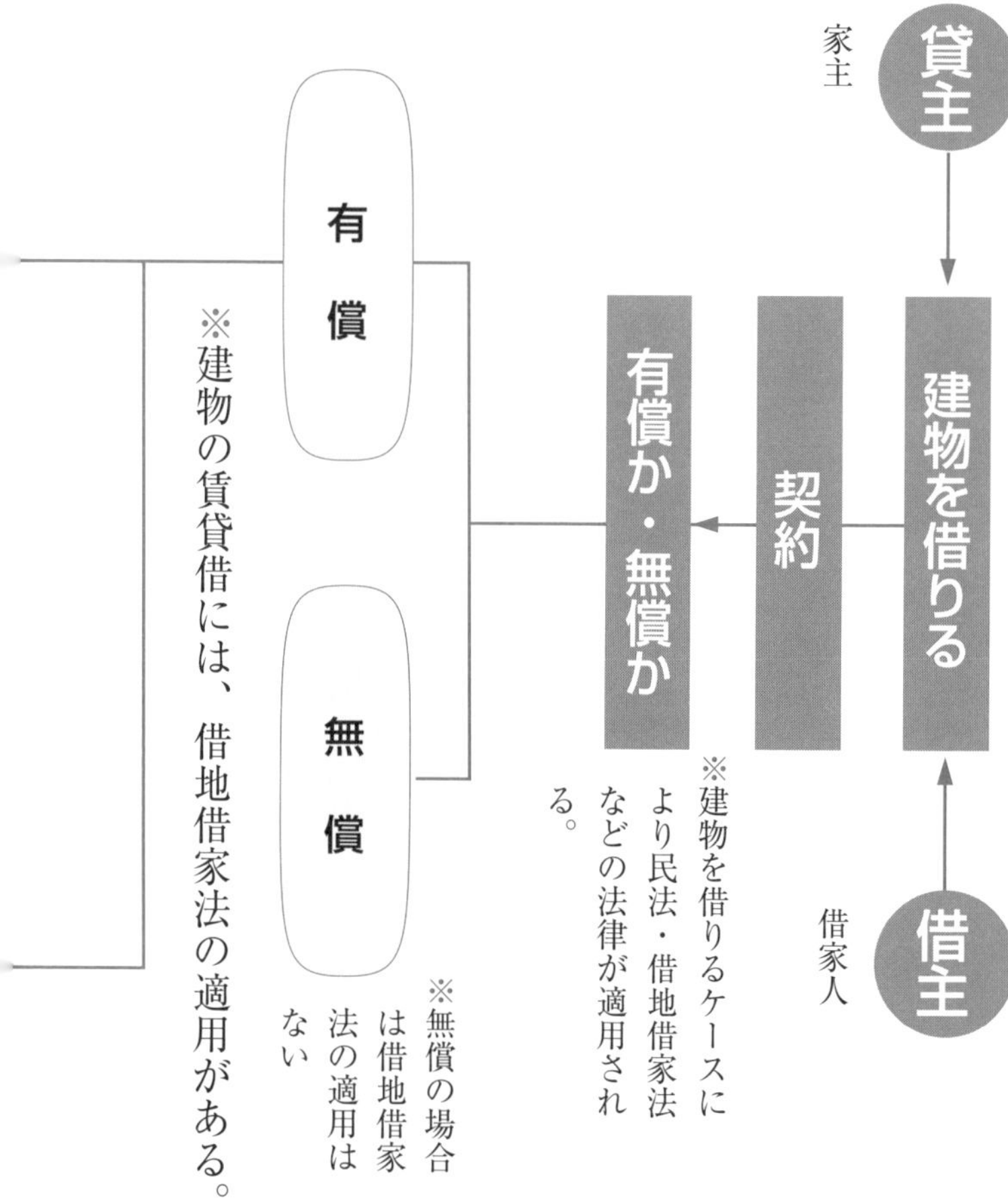

■借家とは、一般に建物や建物の一部を他人から借りることをいいます。しかし、一口に建物を借りるといってもさまざまなものがあります。たとえば一軒家全体を丸ごと借りる場合もあれば、その一間を借りることもあります。またアパートやマンションの一室を借りる場合もあります。

■住居として借りる場合だけでなく、事務所や店舗として使う場合もあります。

　また、デパートの売り場の一部を借りて商売をする場合はどうでしょう。これも借家と言えるのでしょうか。倉庫を借りて物を保管する場合も借家というのでしょうか。

　借りるという言葉に着目すれば、賃料を払って借りる場合（賃貸借）もあれば、

居住用に建物を賃貸借

①一戸建て住宅　建物が土地に定着しており、屋根や壁で外気を遮断できる構造であり、住居や事務所、店舗などに利用することができるものであれば、その建物の賃貸借には借地借家法の規定が適用されます。

②アパート　現在、借家の主流はこのアパートのようです。通常、大家（家主）が所有の一棟の建物を数個に区切って、その部分を貸すという方法がとられています。

③住居用の賃貸マンション　マンションは区分所有建物といわれ、室の所有権が個々に登記されます。アパートと異なり、貸主がその建物全体の所有者とは限りません。

④間貸し　日本式の木造家屋の一部の賃貸借の場合には、その部分が他の部分と区画され、独占的、排他的な支配が可能なものであれば、借地借家法の規定が適用されます。しかし、建物の所有者などの世帯に入り込んで生活している場合には、借地借家法は適用されません。

営業用に建物を賃貸借

①店舗・事務所・倉庫　一戸建てであるか、区分所有建物であるかなどを問わず、営業用の建物にも借地借家法の適用はあります。ただし、下例のように，借地借家法上の建物の賃貸借とは認められない場合もあります。

〔例〕**ケース貸し**　デパートなどの売り場にある商品陳列棚やケースを借りて、デパート等の商号だけを表示し、デパート等の指揮監督に服している場合には、借地借家法の適用はありません。

②マーケット　同一の場所で、多数の店舗使用者がマーケットを構成している場合は、各店舗が建物の一部として独立性があるときは借地借家法が適用されることがあります。

※一戸建てでなくても借地借家法が適用になる場合―マンションのように一棟の建物あるいは一棟の建物に区分された複数の部分があって、そのそれぞれが構造上独立して住居や事務所、店舗などとして利用することができる場合には、それぞれの部分が建物として扱われ、その賃貸借には借地借家法の規定が適用されます。

タダで借りる場合（使用貸借）もあります。

■借家にはさまざまな形のものがありますが、中には人の生活にとって非常に重要な意味を持つものが含まれています。そのような借家については、単なる物の貸し借りの契約とは違った取扱いが必要となります。

■借地借家法という法律は、一定の建物の貸し借りについてだけ特別な定めをして、借家人を保護しています。借地借家法が適用される場合には、借家契約の存続期間が満了した後も、更新が認められやすいなどさまざまな借家人保護が図られています。

■また、公営住宅を借りる場合には、公営住宅法という法律によって特別な定めが置かれています。

1 借家の法律

借地借家法でいう借家とは、賃料を払って他人の建物を借りることをいい、一棟の建物の全部に限らず、一部を借りる場合なども借家に当たることがあります。

建物を借りる場合の法律

物を借りる契約については民法という法律で定められています。民法上の物の貸し借りの契約で、建物の貸し借りについて問題となるのは、賃貸借契約と使用貸借契約です。

しかし、民法は貸し借りの契約についても、目的となる物を限定せず、広く浅く、世の中に発生する多くのことを定めており、建物の貸し借りの特殊性に応じた的確な規定を置いているわけではありません。

たとえば契約の存続期間が満了した場合でも、契約を更新できる場合は貸主と借主が合意した場合に限られており、貸主が拒絶すれば民法上は契約は終了します。しかし、借家について民法の規定がそのまま適用されれば、安定した住生活は望めません。

借地借家法の制定

建物は居住するにしても働くにしても、人の生活に密接に結びついており、その貸し借りは、借りる者にとっては重要な生活の場の確保という意味があります。本や洋服などの貸し借りとは異なった重要性があるのです。

そこで、民法の定めだけでは十分に対応することはできないことから、借地借家法という特別な法律が制定されているのです。

借地借家法は、建物の賃貸借について適用されます。それではここでいう建物とはどのようなものをいうのでしょうか。

借地借家法でいう建物とは、一般には、土地に定着し、壁と屋根があり、住居用や営業用として利用することができる永続性のある建物をいいます。

公営住宅法

借地借家法以外にも、地方公共団体が一定の目的で建設した住宅を借りる場合には、公営住宅法による特別な定めがあります。

（賃貸借）

民法第601条　賃貸借は、当事者の一方がある物の使用及び収益を相手方にさせることを約し、相手方がこれに対してその賃料を支払うこと及び引渡しを受けた物を契約が終了したときに返還することを約することによって、その効力を生ずる。

■図解２・借家の法律のしくみ■

★建物の貸借契約は、その契約内容や貸借の目的となる物によって適用される法律が異なってくる。

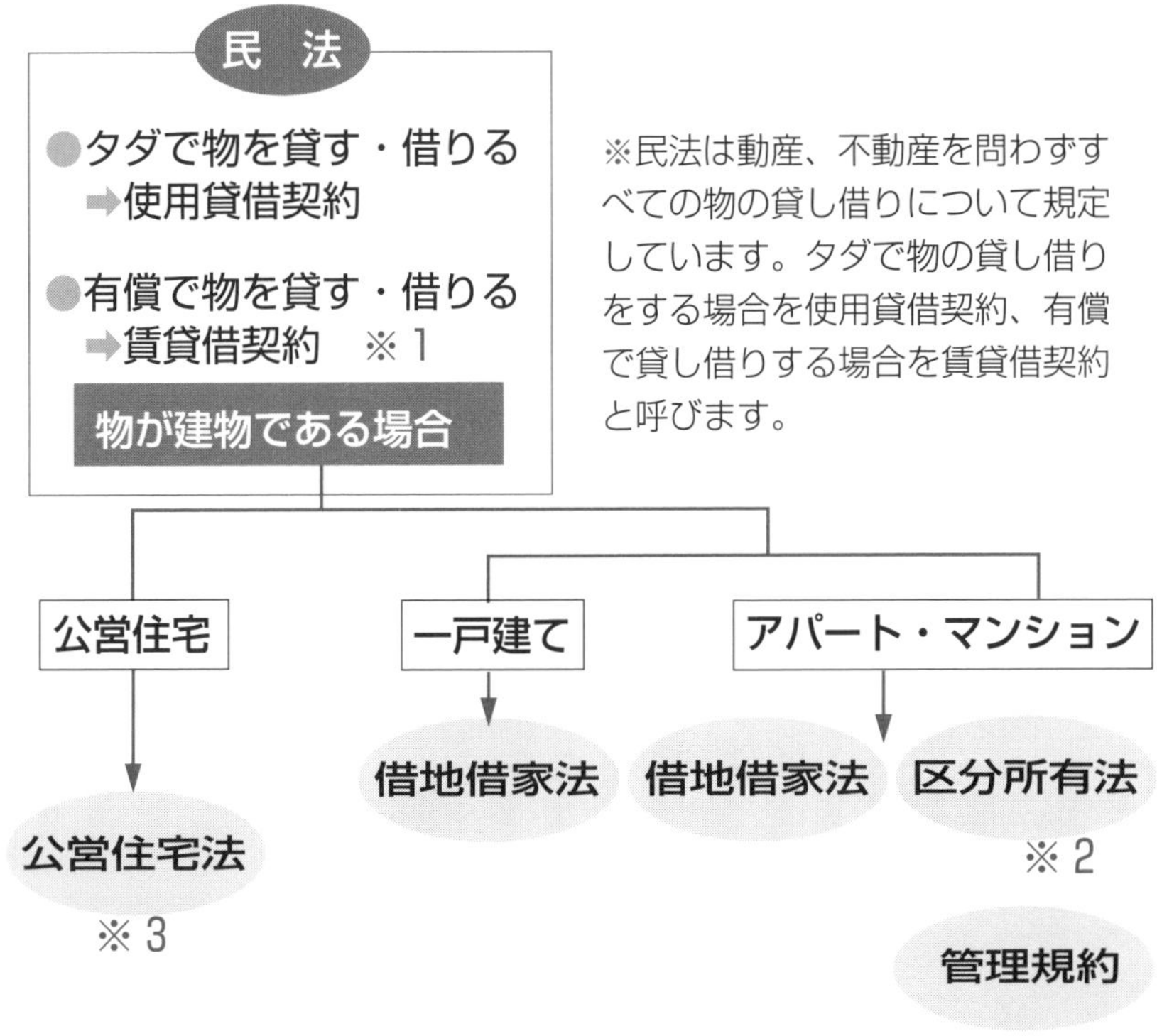

※民法は動産、不動産を問わずすべての物の貸し借りについて規定しています。タダで物の貸し借りをする場合を使用貸借契約、有償で貸し借りする場合を賃貸借契約と呼びます。

※１　物の貸し借りの中でも、建物を有償で貸し借りする場合には、民法以外にいくつかの法律が関わってきます。建物の賃貸借については、その使用目的が居住用であれ営業用であれ、借地借家法が適用されて、借家人の保護が図られています。

※２　アパートやマンションなどで、建物の一部を構造上区分して独立した部分を所有し、これを賃借する場合には、借地借家法の適用の他にも、建物の区分所有等に関する法律が適用され、迷惑行為などがあれば、賃借している部分の使用停止や賃貸借契約の解約などの処分がされることもあります。

さらに、マンションでは区分所有者の集会などで定められた管理規約があり、この管理規約は区分所有建物の賃借人にも適用されます。

※３　公営住宅の貸借については公営住宅法という法律が適用され、原則として借家権の相続が認められないなど民間の住宅の貸借とは違った扱いがされています。

2 建物の賃貸借契約

賃貸借契約とは、貸主が借主から賃料を受け取って物を貸す契約をいいます。有償である点で、タダで物を貸す契約である使用貸借契約とは異なります。

建物の賃貸借契約の効果

建物の賃貸借契約には借地借家法が適用されます。また、建物の賃貸借契約を締結すると、契約の当事者である家主と借家人にはさまざまな権利と義務が発生します。

家主の権利と義務

家主には、使用収益の対価として、借家人に対して賃料を請求する権利が発生します。

賃料は原則として後払いですが、現実には特約によって、翌月分の賃料を前月末日までに支払うケースが一般的です。

また、家主には、貸している建物が壊れた場合には修繕する義務があります（民法606条1項）。これは賃貸借契約締結の時点での破損であっても、契約締結後の破損であっても同じです。

家主の修繕義務は、家主に故意または過失があって生じた破損に限らず、天災によるものや、第三者（契約当事者以外）の責任によるものであっても発生します。ただし、破損に止まらず、天災などで建物が滅失してしまった場合には、賃貸借契約は終了し、建物を再築する義務は生じません。

なお、家主の故意や過失によって滅失した場合には、借家人に対して債務不履行責任を負うことになります。

借家人の権利と義務

借家人には借家権という権利が発生し、契約の目的となっている家主の所有する建物を使用することができます。その代わりに、賃料支払いなどの義務を負うことになります。

しかし、使用することができるとはいっても、借家人は契約や賃借建物の性質によって定まった用法にしたがった使用をしなければなりません（78ページ参照）。

（趣旨）借地借家法第１条　この法律は、建物の所有を目的とする地上権及び土地の賃借権の存続期間、効力等並びに建物賃貸借の契約の更新、効力等に関し特別の定めをするとともに、借地条件の変更等の裁判手続に関し必要な事項を定めるものとする。

■図解 3 ・建物の賃貸借契約と権利・義務■

★建物の賃貸借契約を締結すると、家主にも借家人にも互いに権利や義務が発生する。

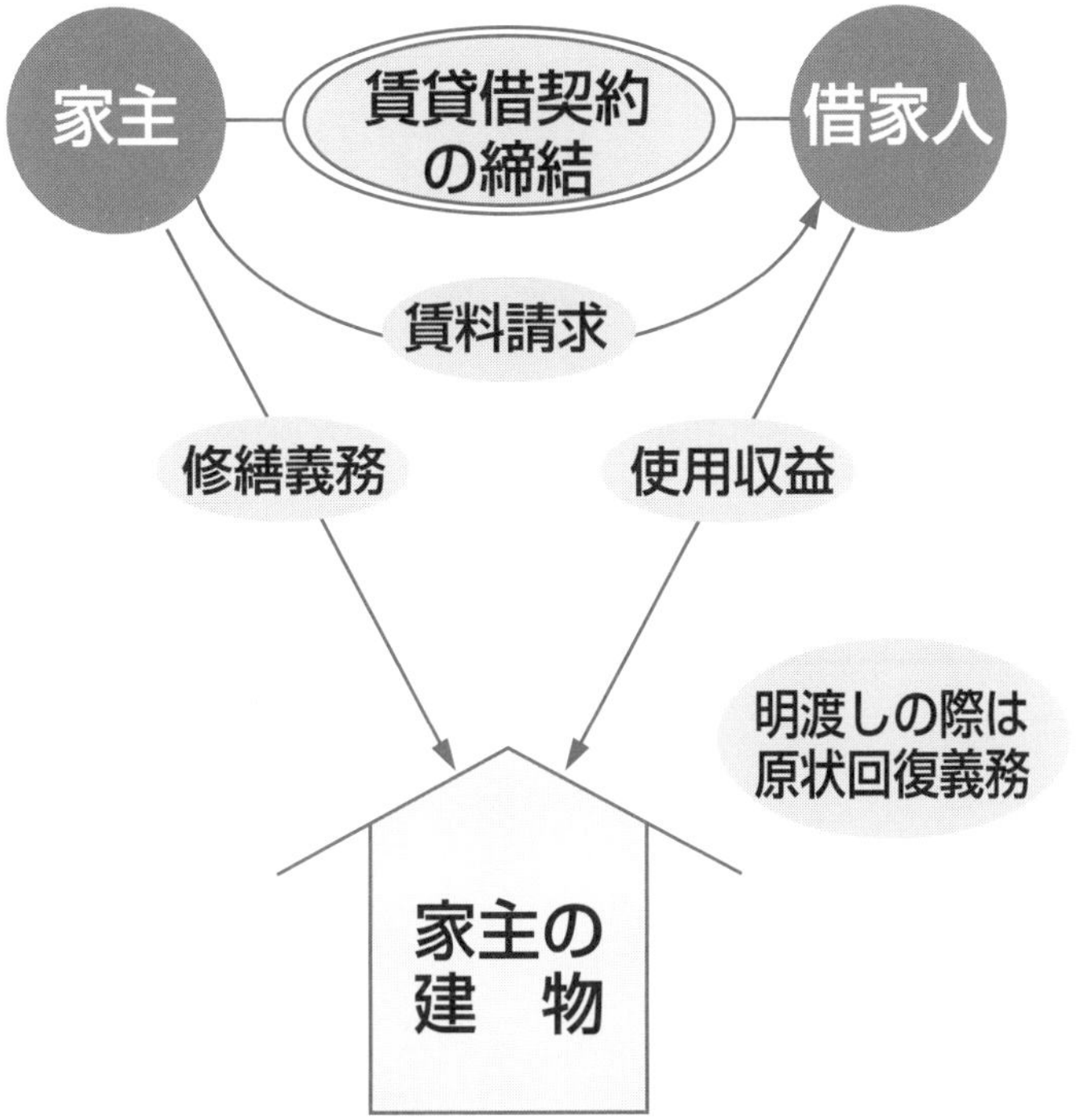

■家主の権利と義務■

（1）家主の権利
①賃料請求権
②明渡しの際の原状回復請求権
（2）家主の義務
①建物を使用収益させる義務
②建物の修繕義務
③必要費償還義務
④有益費償還義務

■借家人の権利と義務■

（1）借家人の権利
①建物を使用収益する権利
②必要費償還請求権
③有益費償還請求権
（2）借家人の義務
①賃料支払義務
②建物の保管義務
③明渡しの際の原状回復義務

※**必要費** ➡ **建物の通常の維持（保存）・管理に必要な費用（修繕費など）**
有益費 ➡ **改良その他建物の客観的な価値を増加させるために費やされた費用（造作など）**

3 一戸建ての賃貸借

一戸建てを借りるとは、一棟の建物の全体を借りることをいいます。また、その建物の敷地についても、建物を使用するために必要な範囲で通常の使用ができます。

■一戸建ての建物を借りる場合

一戸建ての建物を借りる場合には、壁一枚隔てただけのアパートやマンションの一室を借りる場合とは異なり、一棟の建物全体を借りるのですから、近隣との関係はそれほど気にする必要はありません。

しかし、一戸建ての場合でもあまりに近隣の居住者に迷惑となる行為があると、賃貸借契約を解除される場合も考えられます（80・130ページ参照）。

■一戸建ての賃貸借と敷地利用

建物は敷地があって初めて存在するものであることはいうまでもありません。したがって建物の賃貸借の内容には、当然に建物を使用するために必要な範囲での敷地の使用権も含まれています。

①敷地に建築物を設置する

建物には手を付けずに、借家人が建物の敷地の一部に物置や納屋などを設置することがあります。

家主の承諾を得て設置する場合には何も問題はありません。

しかし、もし家主の承諾を得ていない場合でも、小規模なものであれば、問題はないと考えられます。

②庭の使用

一戸建ての建物を借りた場合には、その建物に付属している庭も、通常の用法にしたがった使用ができるのは当然です。

たとえば小規模な家庭菜園や、自家用車の駐車場として使用するなども、通常の使用として認められる場合が多いでしょう。

しかし、敷地が非常に広く、家主が借家人以外にも使用させることが可能な場合などは、借家人が使用できる範囲が限られてくることもあるでしょう。

（建物賃借人の敷地利用）

判例・東京高裁昭和34年4月23日　借家人は、賃借家屋に居住しこれを使用するため必要な限度で、その敷地の通常の方法による使用が随伴することは当然であって、この場合その敷地の使用に賃貸人の同意は必要ではない。

■図解４・一戸建ての賃貸借のしくみ■

★建物の賃貸借契約を締結した場合、その建物の敷地についても通常の使用と認められる範囲であれば使用収益できる。

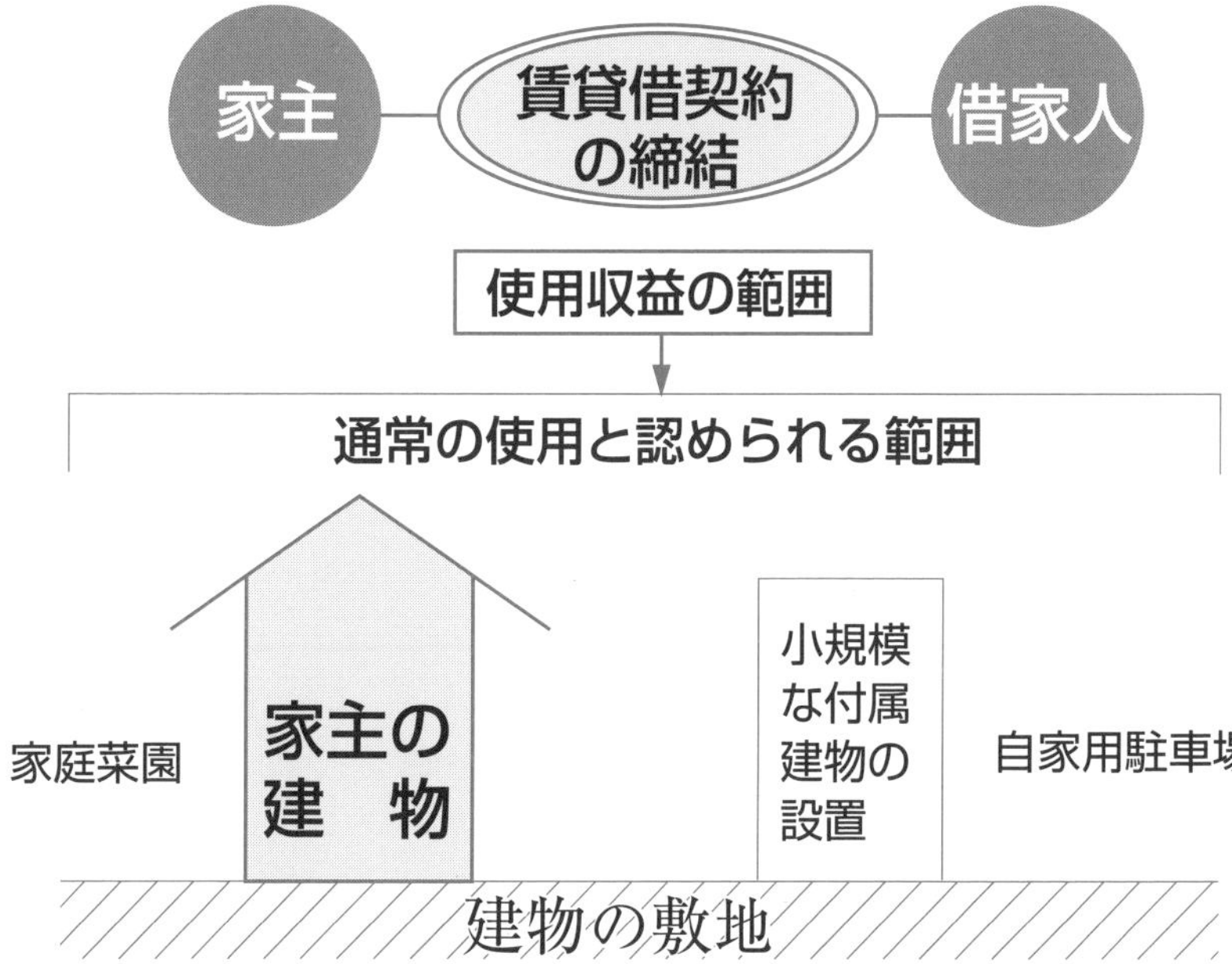

※借家人が通常の使用と認められる範囲を逸脱して賃借建物の敷地を使用した場合には、用法遵守義務違反として契約が解除されることがあります。通常の使用と認められるか否かの判断基準は明確なものはありませんが、判例は建物賃貸借が居住目的であるか、営業目的であるか、また、使用の態様が小規模な物件の設置であるか否か、設置した物件が容易に撤去できるものか否かなどで判断しています。

■通常の使用とは認められない場合

①**駐車場**　敷地を駐車場として利用することができる旨の特約がない場合で、家主がその敷地部分を借家人以外の者に使用させることが可能である場合。

②**納屋・物置**　家主の同意なしに、大規模で簡単に撤去できない程度の納屋や物置などの付属建物を建物敷地に設置した場合。

③**小店舗**　居住用に使用する目的で建物を賃借していて、建物の敷地部分に営業用店舗を設置した場合。

④**作業場**　居住用に使用する目的で建物を賃借していて、建物の敷地部分に作業場を設置した場合。

4 アパート・マンションの賃貸借

一棟の建物を、構造上いくつかの独立した部分に区分して、区分した各部分の賃貸借が行われる場合があります。この場合には、一戸建てとは違った制約があります。

■アパート・マンション賃貸借

アパートと賃貸マンションの違いは特に定まっているわけではありません。一棟の建物を数室に区分して、各室を独立した賃貸の目的物とするもののうち、比較的小規模で、構造が木造または軽量鉄骨造りである場合に一般にアパートと呼ばれます。これに対してマンションと呼ばれるものは比較的大規模なものが多く、構造も鉄筋・鉄骨造りや鉄筋コンクリート造りなどとなります。

■アパート・マンション賃貸借の特殊性

アパートやマンションの場合には、一戸建てと異なり、壁や床、天井を隔てた隣に他人が生活しており、近隣との関係が密接になります。そのために近隣との関係では、音、光、臭い、振動などによる影響を受けやすく、トラブルが発生しやすいという特徴があります。

また、廊下や階段、エレベーターなどは各住民が共同で使用する（共用部分）ことになり、使用法や管理についてのトラブルも発生しやすくなります。なお、各室に付属するベランダも、火災などの際の避難路としての意味があり、共用部分とされていますから、物を積み上げたり、温室を設置したりなどの勝手な使用は許されません。

■区分所有法と管理規約

分譲マンションの場合には、その管理や使用に関する事項は建物の区分所有等に関する法律（区分所有法）と管理規約によって定まっています。分譲マンションの一室を、その区分所有者から賃借する場合には、賃借人も区分所有法と管理規約の適用を受け、これらに違反して他の区分所有者の共同の利益を侵害した場合には、共同の利益に反する行為の停止等の請求をされたり、賃貸借契約が解除されることもあります。

（建替え決議と借家契約）　マンションの建替え決議が成立しても、その効力はマンションの借家人には及ばない。また、建替え決議の成立は、それだけで借家契約を解除する際の正当事由にはならず、借家人に立ち退きを求めるには通常の契約解除等の手続き（98ページ参照）が必要となる。

■図解５・アパート・マンションの賃貸借のしくみ■

★アパートやマンションを借りる場合には、一戸建てを借りる場合と異なり、他の賃借人や区分所有者との共同生活であることからくる制約がある。

■分譲マンションの一部を賃借する場合

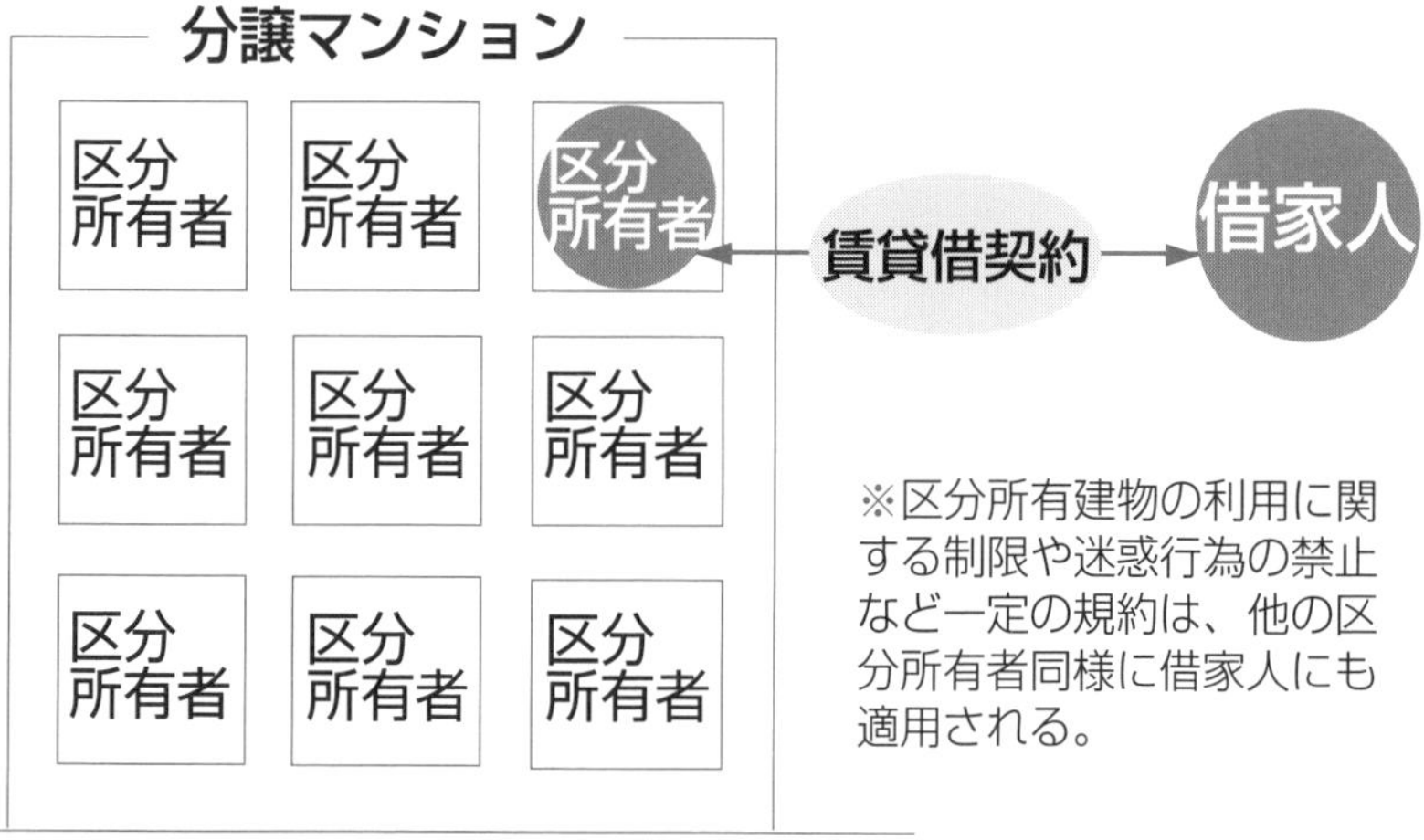

※区分所有建物の利用に関する制限や迷惑行為の禁止など一定の規約は、他の区分所有者同様に借家人にも適用される。

■小規模なアパートを賃借する場合や賃貸マンションを賃借する場合

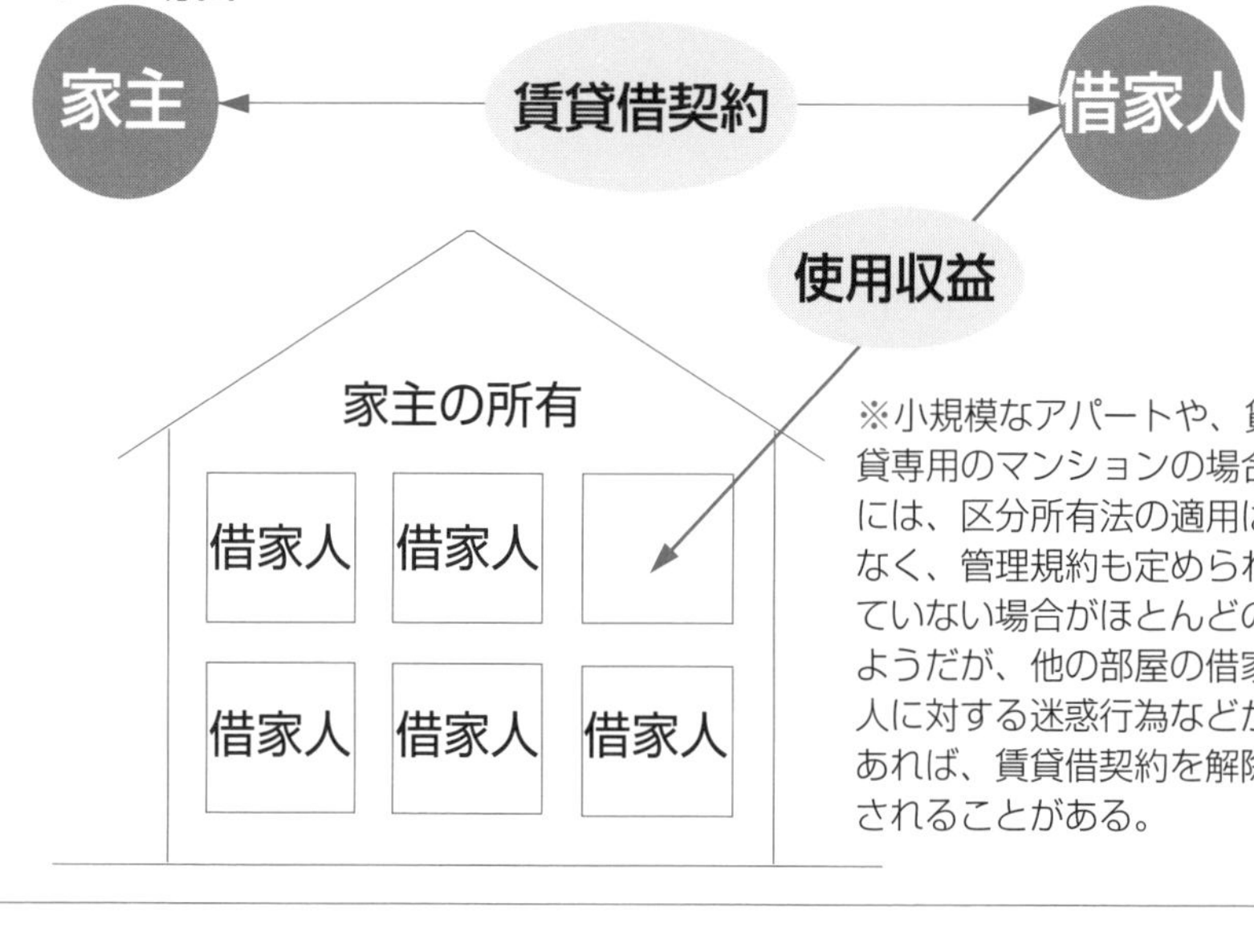

※小規模なアパートや、賃貸専用のマンションの場合には、区分所有法の適用はなく、管理規約も定められていない場合がほとんどのようだが、他の部屋の借家人に対する迷惑行為などがあれば、賃貸借契約を解除されることがある。

5 定期借家権とは

定期借家権とは、建物の賃貸借契約の存続期間が満了した時点で契約は終了し、契約の更新が一切認められない借家権のことをいい、1年未満の期間の契約も認められます。

定期借家契約の意味

普通の借家契約では、契約の期間満了時に、家主が契約の更新を拒絶しようとしても、借家人が合意するか、正当事由（98ページ参照）がない限り契約を終了させることはできません。そのため、空き家を所有していても、貸し出すことをためらったり、賃貸マンションを建築する場合でも、回転率のよい単身者用のワンルームマンションばかりが建築されるという状況でした。

そこで、新規賃貸住宅供給の活性化と、家族向けの大規模賃貸住宅の供給量の増加を目的として、平成12年3月1日施行の改正借地借家法は、更新を一切認めず、約定の期間が来たら契約が終了する定期借家制度を新設したのです。

定期借家契約締結と事前説明

借家人が不測の損害を被ることを防止するために、定期借家契約を締結する場合には、契約は公正証書などの書面で締結しなければなりません。

また、家主は、借家人に対して契約締結前に、契約の更新がなく、期間の満了により建物の賃貸借は終了することを、書面を交付して説明することを義務づけました。

この説明が行われずに契約が締結されても、定期借家契約とはならず、更新のある普通借家契約となります。

なお、宅地建物取引業者が媒介や代理をして定期借家契約を締結する場合には、借家人に対して書面を交付して、重要事項説明をすることが義務づけられています。その説明すべき事項には、定期借家契約である旨も含まれていますが、重要事項説明をしても、定期借家契約である旨の事前説明は省略することができません。

（定期建物賃貸借）

借地借家法第38条　期間の定めがある賃貸借をする場合においては、公正証書による等書面によって契約するときに限り、………契約の更新がないことを定めることができる（一部省略）。

■図解6・定期借家権のしくみ■

★定期借家契約を締結する場合および契約終了の際には、特別な手続きが要求される。

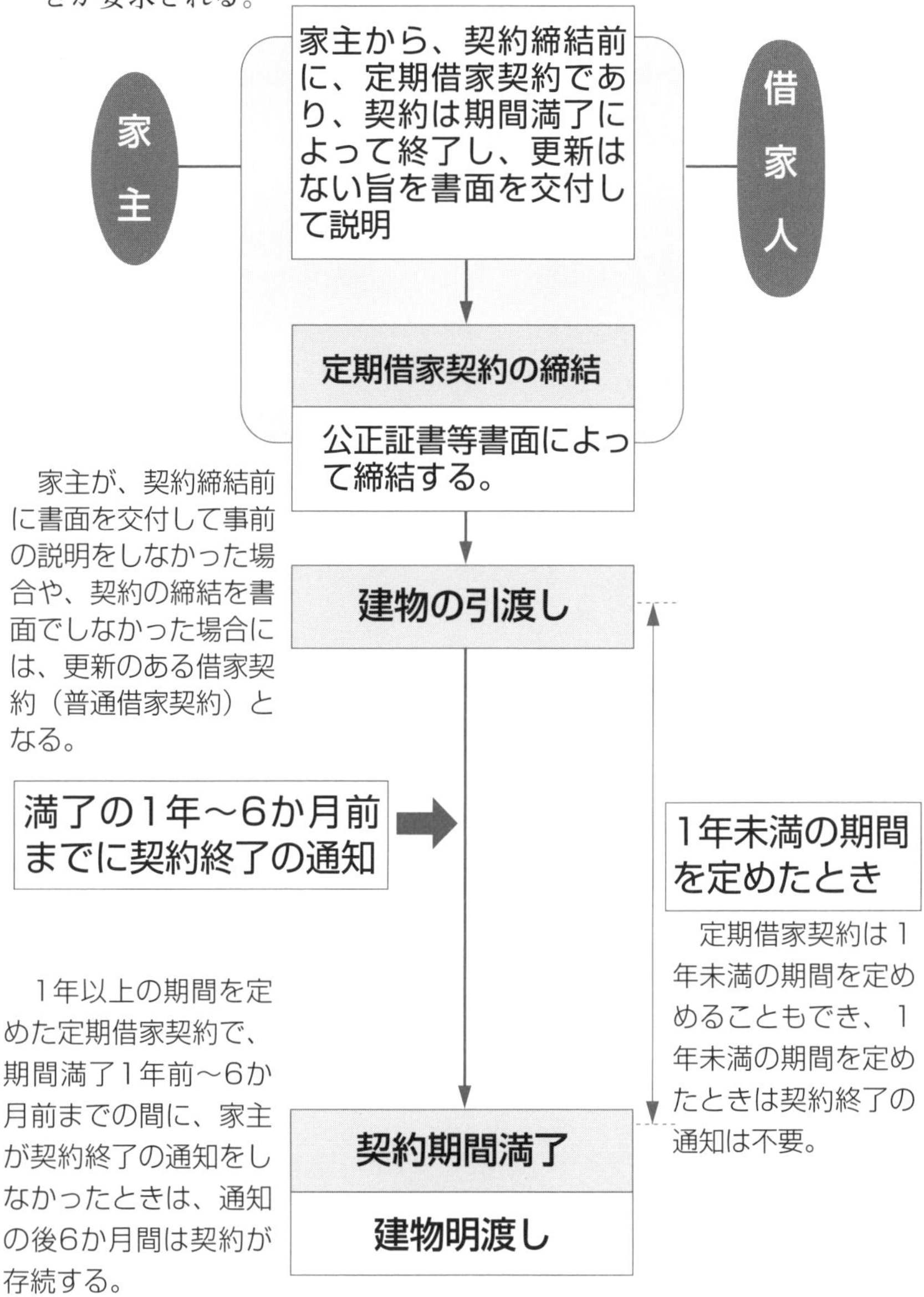

6 定期借家契約の仕方

定期借家契約は、建物を事業用に使用する場合と、居住用に使用する場合とで、中途解約や契約の切替えについて、扱いが異なります。

書面による契約

定期借家契約を締結する場合には、必ず公正証書等の書面で締結することが義務づけられています。公正証書等とは例示であって、必ず公正証書で締結しなければならないということではなく、書面であればよいのです。

借賃改定特約

普通借家契約の場合には、賃料の増減をしない旨の特約がある場合でも、一定の場合には借家人が賃料の減額請求をすることは認められています（66ページ参照）。

しかし、定期借家契約では、契約締結の際に、相当な改定特約がある場合には特約を優先することとして、借賃の増額請求とともに減額請求も認められません。

中途解約

床面積が200㎡未満の居住用建物（生活の本拠として使用する店舗併用住宅含む）の定期借家契約の場合には、①転勤、療養、親族の介護その他やむを得ない事情があって、②借家人が建物を自己の生活の本拠として使用することが困難なときは、借家人からの契約期間途中での解約が認められます。

定期借家契約終了の通知

1年以上の期間を定めた定期借家契約の期間が満了する場合には、家主は満了の1年前から6か月前までの間に、期間満了により契約が終了する旨を借家人に通知しなければなりません。

平成12年2月29日以前の契約の切替え

平成12年2月29日までに締結された居住用建物（生活の本拠として使用する店舗併用住宅含む）の借家契約は、家主と借家人が合意しても定期借家契約に切り替えることはできません。しかし、営業用の場合には、切替えも可能です。

（定期建物賃貸借）

借地借家法第38条2項　定期建物賃貸借をするときは、建物の賃貸人は、あらかじめ、賃借人に対し、契約の更新がなく期間の満了により終了することを記載した書面を交付して説明しなければならない。

■図解７・定期借家契約と普通借家契約の違い■

★定期借家契約を締結した場合、契約期間満了後の更新がないこと以外にも、普通借家権とは異なる部分がある。

	定期借家契約	普通借家契約
契約締結手続き	・契約締結前に、期間満了により契約が終了する旨を書面で説明しなければならない。 ・公正証書等書面によって締結しなければならない。	・特に制限はなく、口頭で契約を締結することもできる。
賃貸借契約の期間	・制限はなく、１年未満の期間を定めることもでき、上限についても無制限。	・平成12年３月１日前の契約では、１年以上～20年以下。 ・平成12年３月１日以降の契約では１年以上であれば上限の制限はなし。 ※１年未満の期間を定めた場合には、期間の定めのない契約となる（42ページ参照）。
賃料の増減に関する特約の効力	・賃料の増減は、改定に関する特約があれば、特約に従い、借地借家法の借賃の増減額請求の規定は適用されない。なお、改定に関する特約とは、例えば、固定資産税の増減割合に応じて増減するなど、客観的に借賃が決まるものをいう。	・借賃を増減しないとする特約があっても、公租公課や近隣の借賃の変動など一定の事情があれば、借家人からの減額請求はできる。
中途解約の可否	・床面積200㎡未満の居住用建物（生活の本拠として使用する店舗併用住宅含む）の賃貸借の場合には、やむを得ない事情によって、生活の本拠として使用することが困難になった場合には、特約がなくても借家人から中途解約ができる。	・中途解約に関する特約があればその定めに従うが、特約がなければ、家主と借家人が合意しない限り中途解約はできない。

7 建物の使用借権

他人のものをただで借りる契約を使用貸借契約と呼び、使用貸借契約によって発生する借主の権利を使用借権といいます。建物の使用借権には借地借家法の適用はありません。

借地借家法の適用はない

借地借家法は借家関係におけるさまざまな場面での借家人の保護を定めた法律です。

建物をタダで貸したり借りたりする場合には、通常は家主の厚意によって契約が締結される場合がほとんどです。このような場合にまで借地借家法を適用して、借家人を保護すると、家主の厚意を無にすることにもなりかねません。

そこで建物の使用貸借契約には、借地借家法は適用されないことにしているのです。

民法の定めにしたがう

借地借家法が適用されない結果、建物の使用貸借契約には、一般法である民法が適用され、以下の場面で賃貸借の場合との違いが現れます。

①存続期間および解約

民法上は、使用貸借契約の存続期間に特別な定めはありません。ただし、使用貸借契約によって借りた物の返還時期の定めがある場合は、借主は契約に定めた時期に返還する義務を負い、返還時期の定めがない場合には、契約に定めた使用目的を達成したときに、返還することとされています。また、当事者が返還時期も使用目的も定めていないときには、家主はいつでも返還を請求できます。

②対抗力

建物の使用貸借契約は、家主の厚意によるものですから、建物が譲渡された場合には、譲受人に対して使用借権を主張することはできません。

④契約の終了

前記①の存続期間の満了および解約による返還により使用貸借契約は終了します。

使用借権は、借主が死亡した場合には、相続されずその効力を失います。

（使用貸借）

民法第593条　使用貸借は、当事者の一方がある物を引き渡すことを約し、相手方がその受け取った物について無償で使用及び収益をして契約が終了したときに返還をすることを約することによって、その効力を生ずる。

■図解 8 ・使用借権のしくみ■

★他人の建物をタダで借りる契約をした場合には、借地借家法の規定は一切適用されない。

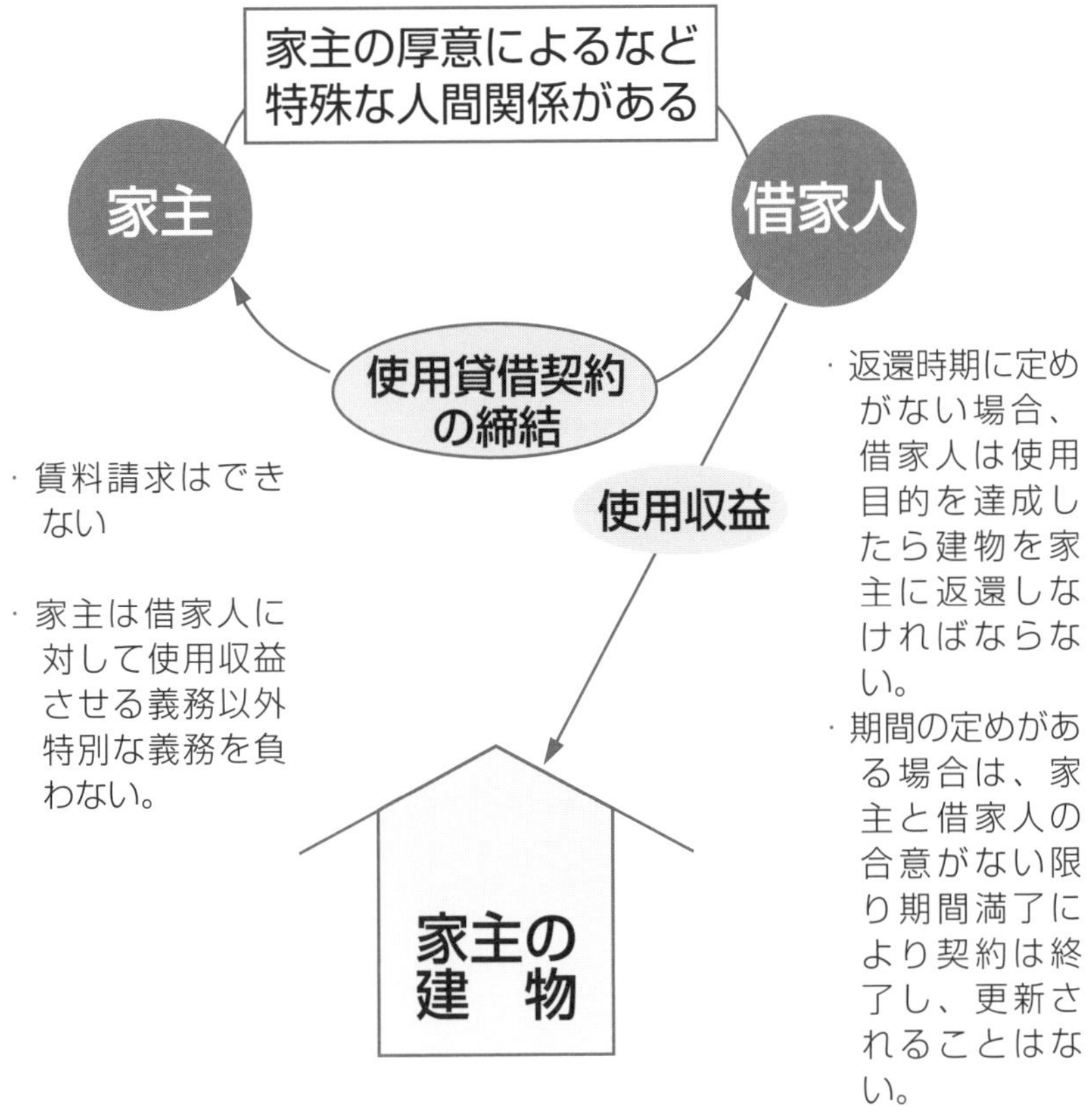

（注）無償の契約である場合に使用貸借契約となることは当然として、場合によってはある程度賃料を支払っている場合や、賃料の代わりとして、建物の固定資産税などを借家人が支払っていることもあります。ある程度の額を賃料として支払っている場合でも、その賃料の額が、近隣にある同種の賃貸建物の賃料と比較して著しく低額であるような場合には、賃貸借ではなく使用貸借と見られることになります。

また、借家人が固定資産税などの公租公課を負担している場合でも、それが建物の使用収益に対する対価の意味を持つと認めるに足る特段の事情がない限り、使用貸借契約であると認めて妨げないとした判例もあります（最高裁平成5年2月18日）。

8 建物の一時使用

借地借家法は建物の賃貸借契約であっても、それが一時的な使用を目的とすることが明らかな場合には、借地借家法の借家に関する規定は一切適用されません。

借地借家法は適用されない

建物の賃貸借契約が一時使用目的である場合には、借地借家法の定める借家に関する規定は一切適用されません。

その結果、民法の規定が適用されることとなり、家主と借家人の合意がない限り契約は期間満了によって終了し、更新は認められないことになります。

建物を借りる際の利用目的が、博覧会や一時的な式典、避暑や避寒など、臨時的に短期間賃借する場合にまで借地借家法を適用し、最短期間を法定し、解約を制限するなどして借家人を保護する必要性は薄いことからこのようにされています。

一時使用となるための基準

単に契約で定めた期間が短いというだけで一時使用の賃貸借契約となるものではありません。

1年未満の期間を定めた建物賃貸借であっても借地借家法は適用され、期間の定めのない賃貸借契約となり、家主からの解約申入れには正当事由が要求されます。また、正当事由がある場合でも、解約申入後6か月間は借家契約は存続します。

判例は、一時使用の建物賃貸借であるか否かは、その期間の長短だけを標準として判断するべきではなく、賃貸借の目的、動機、その他諸般の事情から賃貸借契約を短期間に限り存続させる趣旨のものであることが客観的に判断される場合であるかどうかを基準として判断すべきであるとしています。

また、明確な期間が定められていない場合でも、常識的に明渡し期限が判断できるような場合には、一時使用の建物賃貸借であることが認められるケースがあります。

（一時使用目的の建物賃貸借）

借地借家法第40条　この章の規定（26条～39条）は、一時使用のために建物の賃貸借をしたことが明らかな場合には適用しない。

■図解９・建物の一時使用か否か■

★建物の賃貸借の場合に、一時使用の賃貸借と認められるかどうかについて、判例に現れた具体的な事例を比較して見ます。

一時使用が肯定された事例	一時使用が否定された事例
貸主の学校卒業後、２年間の見習い期間を経て独立開業するまでの賃貸借。（最高裁昭和36年10月10日）	家主に建物の改築計画があるが、その時期が明確に定まっていない場合の賃貸借。（東京地裁昭和39年８月４日）
貸主が建物の具体的な増築計画を有しており、その計画が実施されるまでの賃貸借。（東京高裁昭和39年１月21日）	家主の建物利用計画が調査段階に過ぎず、実現可能性が乏しい場合。（東京地裁昭和54年９月18日）
家主が建物を空き家として売却するまでの間の賃貸借。（東京高裁昭和41年６月17日）	借家人が、建物を長期間使用できるように改造したことを家主が黙認していた場合。（大阪高裁昭和34年８月29日）
家主が公務員で、転勤を終えて帰ってくるまでの間の賃貸借。（最高裁昭和41年10月27日）	借家人が、家主の了解を得て賃借建物に多額の投資をした場合。（大阪高裁昭和31年５月21日）
建物の敷地が都市計画の対象となっており、立ち退き予定の時までの賃貸借。（東京地裁昭和50年９月22日）	借家人が賃貸している自己の貸家の明渡しを受けるまでという約定の賃貸借。（東京地裁昭和32年５月15日）

9 家主・借家人の変更

建物の賃貸借の場合に、賃借権を登記することはまずありません。建物の所有者が代わったときには、借家人は建物の引渡しを受けていれば賃借権を新所有者に主張できます。

建物賃借権と登記

土地の賃借権同様に建物の賃借権も登記をすることができます。しかし、賃借権の場合には、借家人が登記をしようとしても、家主は登記に協力する義務がないので、実際に建物賃借権の登記がされることはほとんどありません。

借りている不動産が譲渡された場合、原則として賃借権の登記をしていなければ、賃借人は賃借権を譲受人に対して主張することはできません（民法177条）。

しかし、借地借家法は、建物の賃貸借については、建物の引渡しを受けていれば、建物譲受人にも借家権を主張できることにして、借家人を保護しています。一般に鍵の受渡しがあれば建物の引渡しがあったと見ることができます。

家主の地位の移転と登記

借家の所有権が譲渡された場合には、借家人が譲受人に賃借権を主張できるかという問題の他にも、借家の譲受人が、新家主として借家人に賃料を請求する場合に所有権の移転登記を得ている必要があるかという問題があります。

判例の見解によると、家主としての地位は、借家の所有権の移転とともに新所有者に移転するとしています。

建物の家主としての義務は、家主が誰であるかによって履行方法が変わるものではなく、所有権の移転に伴って家主の地位も移転するとした方が借家人にとっても有利であることから当然の結論です。

判例はまた、建物の譲受人が借家人に対して賃料を請求する場合には、借家人の二重払いの危険を避けるために、譲受人は建物所有権の移転登記が必要としています。

（第三者対抗要件）

民法第177条 不動産に関する物権の得喪および変更は、不動産登記法その他の登記に関する法律の定めるところに従いその登記をしなければ、第三者に対抗できない。

■図解10・権利の移転と権利を守るための手続き■

★借家人は、賃借建物の引渡しを受けていれば建物譲受人にも賃借権を主張できる。

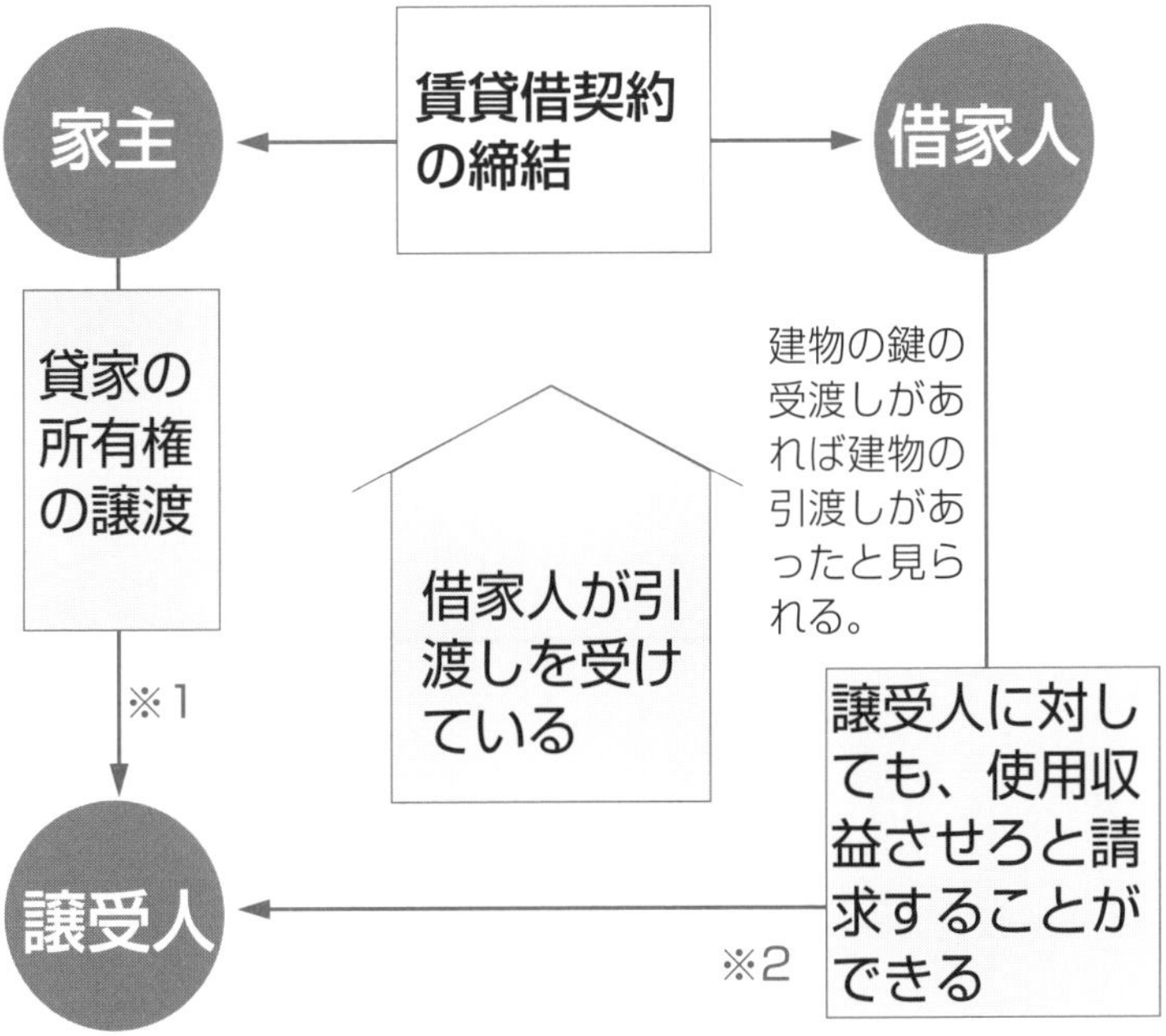

※1　売買や贈与によって借家の所有権が移転した場合には、家主としての地位も、建物の譲受人に移転します。つまりこの場合には、借家の譲受人は、賃借権の付いた借家を譲り受けたことになるのです。

この場合には、特に借家人の承諾などは必要ありません。家主が借家人に対して負担する義務は、借家の所有権を持っている者であれば、誰でも履行することが可能だからです。

※2　一方、借家人は、譲受人に対してこれまでどおりの賃借権を主張して、使用収益を続けることができるのです。ただし、新家主に家賃を支払う場合には、新家主が借家の移転登記を受けているかどうかを確認した上で支払ってください。この確認を怠ると、家賃の二重払いをすることになる可能性があります。

▶家主の交替に関する詳細は58ページを参照してください。

10 借家の明渡しと原状回復義務

建物の賃貸借が終了した場合には、借家人は、借りていた建物を原状に戻して家主に返還しなければなりません。これを原状回復義務といいます。

原状回復とトラブル

アパートやマンション、一戸建てなど、建物の賃貸借契約で最もトラブルが多いのは、賃貸借契約終了時の明け渡しにおける原状回復の問題です。

家主の側は、借家人に原状回復義務があるのをいいことに、壁紙の張り替え、畳の表替え、床の張り替え、天井の塗り替えその他、多くの要求をしてくる場合があります。

そして、場合によっては敷金だけでは原状回復に不足だとして、敷金の返還を拒否した上に不足分の損害賠償請求をする事例も見られます。

しかし、原状回復とは、借家を新築の状態に戻すことまで要求されるものではありません。それどころか、借家人が借りた当時の状態に戻すことすら必要ないのです。

借家人がよほど酷い使い方をしていない限り、それほど多額の金銭が必要なものではないのです。

原状回復の範囲

国土交通省住宅局が発表したガイドラインによると、借家人が負担しなければならない原状回復とは、「賃借人の居住、使用により発生した建物価値の減少のうち、賃借人の故意・過失、善管注意義務違反、その他通常の使用を超えるような使用による損耗等を復旧すること」と定義しています。

つまり、通常の使用による損耗や自然損耗等の修繕の費用の負担は、借家人の原状回復義務には含まれず、家主が負担するべきものとしているのです。

建物は人が使用すればある程度の損耗が生じるのは当然です。その代わりに借家人は賃料を負担するのですから、ガイドラインの定義は当然のことです。

（原状回復の内容）

判例・最高裁昭和29年2月2日　貸借の目的である家屋を、工場に改造して使用することが契約の内容であるときは、賃借人は改造家屋について原状回復義務を負わない。

■図解11・借家の原状回復の程度■

★借家の明渡しの際には、借家人は、建物を原状に復して返還する義務がある。

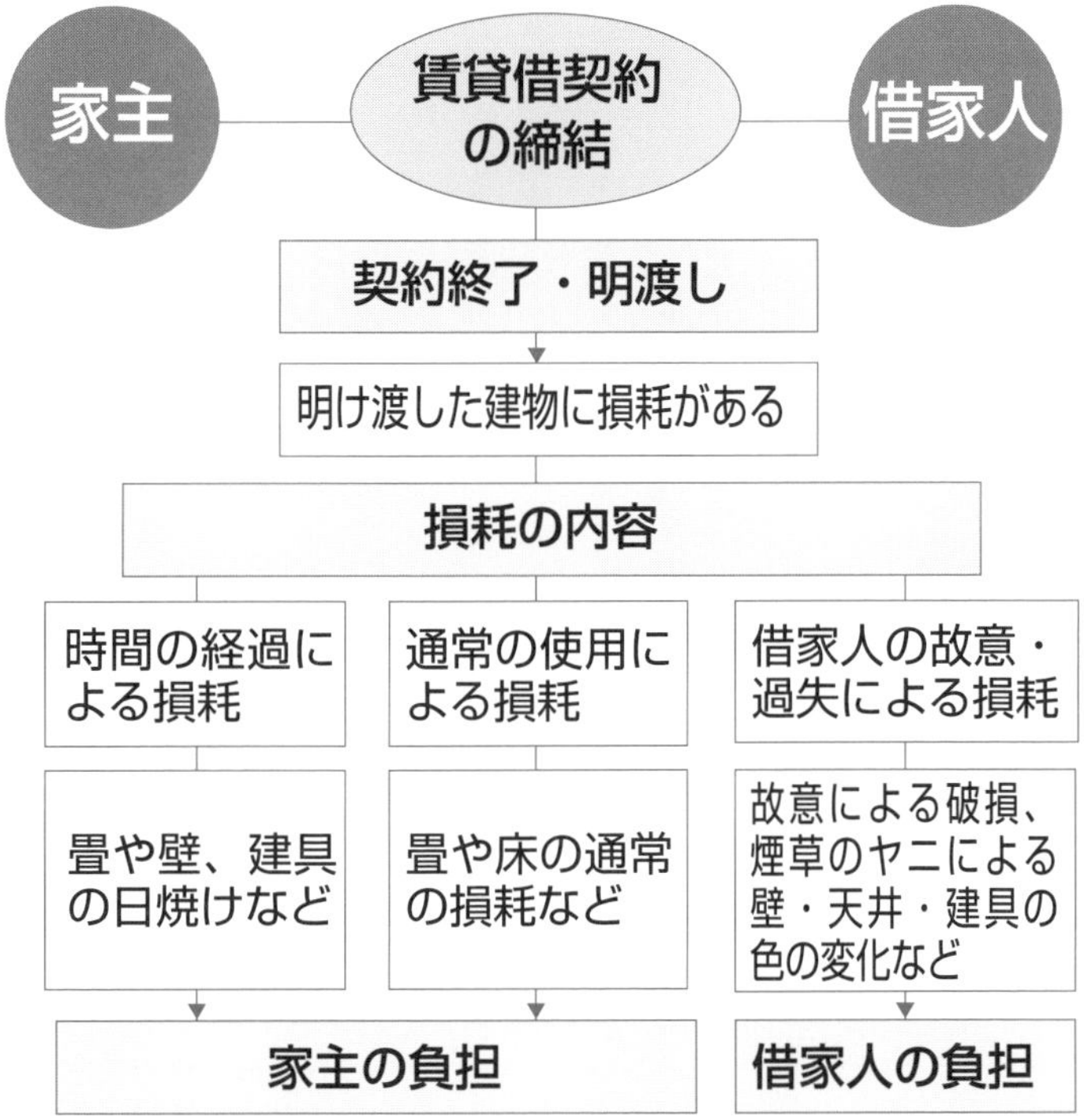

※国土交通省住宅局民間住宅課発表のガイドラインによれば、原状回復は、借家人が借りた当時の状態に戻すことではなく、通常の使用を超えるような使用による損耗等を復旧することとされています。

またガイドラインは損耗を次のように区分しています。

A　：借家人が通常の住まい方、使い方をしても発生すると考えられるもの。

B　：借家人の住まい方、使い方次第で発生したりしなかったりすると考えられるもの（明らかに通常の使用等による結果とは言えないもの）。

A＋B：基本的にはAであるが、その後の手入れ等借家人の管理が悪く、損耗等が発生または拡大したと考えられるもの。

A＋G：基本的にはAであるが、建物価値を増大させる要素が含まれているもの。特に破損がない場合の畳の裏返し・表替えなどのような、次の入居者を確保するための化粧直しなど。

このうち、AおよびA＋Gについては家主が負担すべきものとし、BおよびA＋Bは借家人が負担すべきものとしています。ただし、BおよびA＋Bについても、その中には自然損耗や通常損耗も含まれており、借家人はその分を賃料として支払っていることを考慮し、建物や設備の経過年数が多いほど借家人の負担する割合を減少させるのが適当としています。

11 原状回復の具体例

国土交通省が発表したガイドラインには、原状回復の具体的な事例ごとの考え方と、家主、借家人のどちらの負担となるかが例示されています。

基本的な考え方

●A＝借家人が通常の使用をしても発生すると考えられるもの⇩家主負担

借家人が借家で普通に生活したことによる損耗は、当然に予想されるものと考えるべきです。また、日照などの自然現象による損耗も借家人のせいではありません。したがって、日常生活で避けられない家具の設置跡や日照による畳、壁クロスなどの変色などは家主負担になるのは当然です。

●B＝借家人の使い方次第で発生したりしなかったりするもの（通常の使用による損耗とはいえないもの）⇩借家人負担

損耗が借家人が普通に生活するうえで必要とはいえないような行為が原因で発生した場合や、使い方に問題があって発生した場合（故意・過失、善管注意義務違反）には借家人が負担するのが当然です。

借家人が窓を閉め忘れたために雨の吹き込みによってフローリングが変色した場合や、重い家具を無理に移動させたことによって生じたキズなどはこの区分に入ります。

●A＋B＝基本的にはAに属するが、借家人の手入れや管理が悪くて損耗が発生したり拡大したもの⇩借家人負担

飲み物をこぼしてカーペットが汚れることは通常の生活の範囲内のことです。これだけなら家主が負担するのが当然です。しかし、その後の借家人の手入れミスでシミやカビが生じたときは借家人負担と考えるのです。

●A＋G＝基本的にはAに属するが建物価値を増大させる要素を含むもの⇩家主負担

借家人が通常の清掃をした後の、専門業者による全体のハウスクリーニングなどは次の入居者を確保するためのグレードアップの要素があり、家主負担と考えられます。

（修繕特約）判例・最高裁昭和43年1月25日　「入居後の大小修繕は賃借人がする」旨の契約条項は、賃貸人が修繕義務を負わないとの趣旨にすぎず、家屋使用中に生じる一切の破損・汚損箇所を賃借人が自己の費用で修繕し、家屋を賃借当初と同一状態で維持すべき義務があるとの趣旨ではない。

■図解12・具体的な原状回復事例■

★家主と借家人のどちらが負担するかは、具体的な事例ごとに判断される必要がある。

	事　例	考え方
家主負担となるもの	・家具の設置による床、カーペットのへこみ、設置跡	家具の設置は生活する以上当然であり、通常の使用といえる。
	・畳みの変色、フローリングの色落ち（日照や建物の欠陥によって生じたもの）。	日照は日常生活で避けられない。また、建物の構造の欠陥が原因なら家主負担は当然。
	・クリーニングで除去できる程度のタバコのヤニ	この程度であれば通常の損耗の範囲内。
	・壁に貼ったポスターなどの跡	これらによる壁クロス等の変色は、主として日照などによるもの。
	・テレビや冷蔵庫等の後部壁面の黒ずみ（電気ヤケ）	テレビや冷蔵庫は一般的な日常生活の必需品である。電気ヤケは通常の使用によるものと考えるべき。
	・鍵の取替え（破損・紛失のない場合）	入居者の入れ替わりによる管理上の問題であり、家主負担が当然。
	・専門業者による全体のハウスクリーニング	借家人が通常の清掃をした後の、業者によるものであれば入居者確保のためのものであり家主負担と考えるべき。
	・特に破損していない畳の表替えなど	入居者の入れ替わりによる建物の維持管理上の問題。
借家人負担となるもの	・引っ越し作業で生じたキズ	借家人側の不注意によるもの。
	・飲みこぼしを放置したことによるカーペットのシミ・カビ	飲みこぼし自体は通常の生活の範囲だが、その後の手入れミスは借家人の責任。
	・通常のクリーニングで除去できないタバコのヤニ	このような場合は借家人の手入れミスで被害が拡大した場合に区分される。
	・壁等の釘穴、ネジ穴で下地ボードの張り替えが必要な程度のもの	画鋲等によるものは通常の生活の範囲だが、深く、範囲が広いものは通常の使用による損耗を超えると考えられる。
	・台所の油汚れ ・風呂、トイレなどの水垢、カビなど	使用後の手入れが悪いことが原因である場合には、通常の使用による損耗を超えると判断されることが多い。
	・結露の放置により拡大したシミ・カビ	結露は建物の構造上の問題であることが多いが、結露の発生を借家人が家主に通知せず、かつ、拭き取るなどの手入れを怠って損耗を発生させた場合には、借家人の責任が問われる可能性が高い。

12 消費者契約法と借家契約

借家契約に適用される法律は借地借家法だけではありません。契約一般についてさまざまな規制を定めた消費者契約法という法律の適用もあるのです。

消費者契約法は借主の味方

平成13年に施行された消費者契約法は、一般消費者と、取引のプロである事業者の間の情報の質や量、そして交渉力に歴然とした格差があることを考えて消費者を保護するために制定された法律です。事業者の一定の行為によって消費者が契約内容や事実を誤認または困惑して契約をした場合に、その契約を取り消すことができることにしたのです。また、消費者に一方的に不利となるような契約条項については無効とする旨も定めています。

消費者契約法と借家契約

消費者契約法は非常に適用範囲の広い法律です。業種や内容を問わず、事業者と一般消費者の間で締結される契約（消費者契約と呼びます）であればあらゆる契約に適用されます。

つまり、消費者契約法は、不動産業者が関与するかどうかに関わりなく、賃貸マンションやアパートなどの借家契約についても適用される法律なのです。

消費者契約法の規制内容

消費者契約法は、契約書の作成に関する事業者（借家契約の場合は貸主）の義務として、契約書が定める消費者の権利義務などの内容について、消費者が読んで分かるような平易な表現で作り、説明し、相手が納得できるように努めなければならないとしています。

また、事業者が、重要な事項について事実と異なることを告げたり、消費者の不利益になる事実を故意に告げなかったために消費者が誤認して契約した場合にはその契約を取り消すことができるとしています。そして消費者の権利を制限し、または義務を加重する条項で、一方的に消費者の利益を害するような契約条項は無効と定めているのです。

（目的）消費者契約法第１条　この法律は、消費者と事業者との間の情報の質及び量並びに交渉力の格差にかんがみ…（省略）…取り消すことができることとするとともに、…（省略）…消費者の利益の擁護を図り…（省略）。

■図解13・消費者契約法と借家契約■

★借家の契約にも消費者契約法の適用があり、一定の場合には契約を取り消すことができる。

●消費者契約法の定義（第2条）

消　費　者	⇒	個人（事業のために契約の当事者となる場合の個人を除く）
事　業　者	⇒	法人・団体に加えて事業のために契約の当事者となる場合の個人
消費者契約	⇒	消費者と事業者の間で締結される契約

●借家契約と消費者契約法

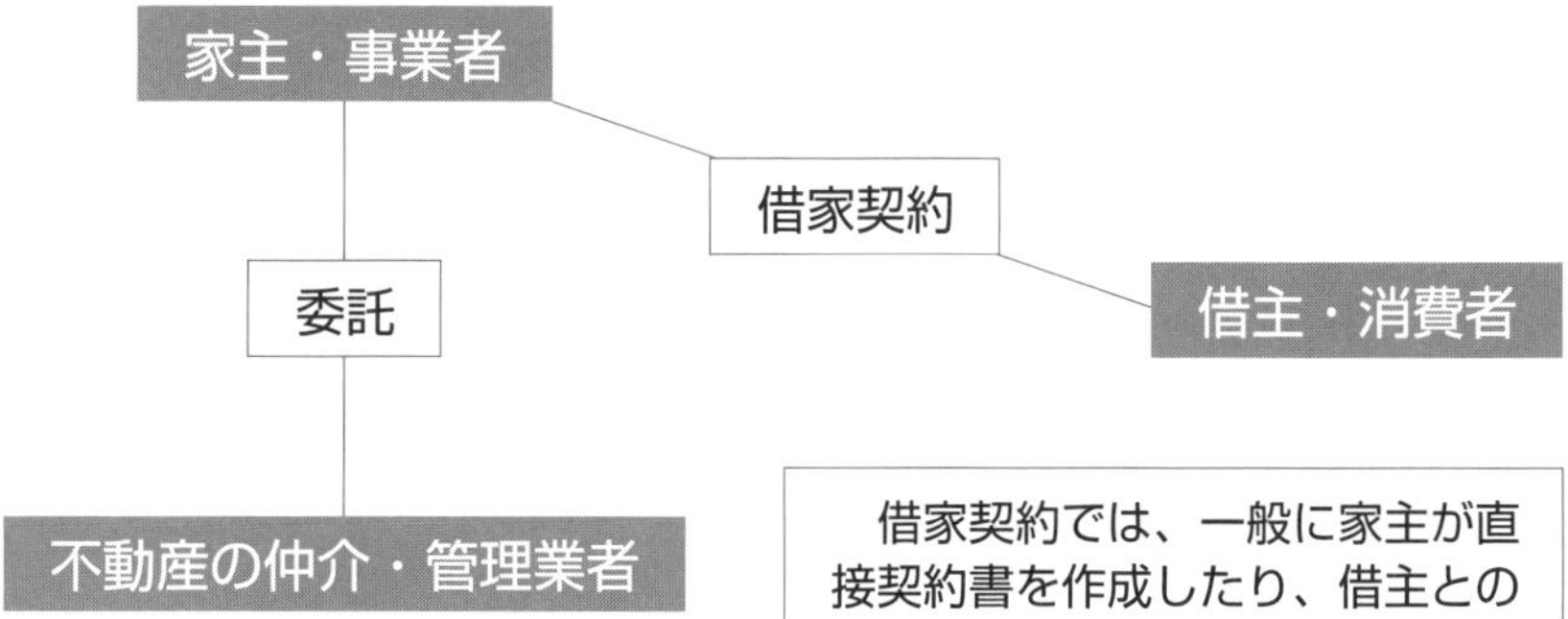

借家契約では、一般に家主が直接契約書を作成したり、借主との交渉をすることなく、不動産業者（宅建業者）が家主から委託されてこれらの行為を行う。

この場合には、家主から委託された業者も事業者としての義務を負い、消費者は契約を取り消すなどの責任を問うことができる（消費者契約法5条）。

13 消費者契約法が適用された借家トラブル

実際に消費者契約法が適用された事例として、借家契約の敷引特約や借家明け渡しの際の原状回復義務の範囲に関する判例があります。

法施行後に更新した借家契約にも適用

消費者契約法は、平成13年4月1日に施行された法律ですから、同日以後に締結された契約には当然適用されます。

また、判例は、最初の契約は同法施行前に締結されていても、更新が施行日以後であればその借家契約には消費者契約法の適用があるとしています（京都地裁平16年3月16日他）。

原状回復特約の無効

本来貸主が負担すべき通常の使用による損耗について借主負担とする特約について、最近の地方裁判所段階の判例では、消費者契約法10条を適用して、「消費者の権利を制限し、または義務を加重する条項であり、一方的に消費者の利益を害するような契約条項である」として無効とする判例が相次いで出されています（前記京都地裁他）。

また、関西地方で多い、借家契約終了時に敷金の一部を返還しない旨をあらかじめ契約内容として定めておくいわゆる敷引特約についても同様です（神戸地裁平17年7月14日他）。これについては、消費者契約法と無関係に無効としたものもあります（大阪高裁平18年7月26日）。

なお、最高裁判例は、賃借人が通常の損耗について負担する旨の特約もそれだけで無効となるものではないと判断しています。（最高裁平17年12月16日）。しかし、この判決は消費者契約法に基づく判断はしていないため、今後最高裁でどのような判断がされるか注目されています。

また、消費者契約法の考え方からして、一定期間ごとに更新料を支払う旨の特約（94ページ）や、租税公課の上昇などの特段の理由なしに、一定期間ごとに一方的に家賃を値上げする特約なども無効とされる可能性があります。

▶借家契約で、家賃支払いが遅れた場合の損害賠償の予定や違約金の定めがある場合

この場合でも、その額によっては無効となる。また、定めた額が、下の算式で得られる額を超えるときは、その超える額は支払う必要がない（消費者契約法９条：左ページ参照）。　（算式）　延滞賃料額×14.6%×遅延日数÷365日

■図解14・消費者契約法の主要条文の内容■

★消費者契約法の考え方は、借家契約のさまざまな条項にも適用される

第1条	事業者（貸主）と消費者（借主）の間の情報の質や量、交渉力の格差に着目し、消費者が不当な損害を被ることがないようにするため、一定の場合に契約を取り消すことを認め、また、契約条項の全部又は一部を無効とした。
第2条	消費者契約法の適用対象を定めている。賃貸マンション、アパートなどの借家契約にも適用がある。
第3条	事業者は、消費者契約の条項を定めるに当たって、消費者の権利義務その他の消費者契約の内容が消費者にとって明確かつ平易なものになるよう配慮し、契約内容について必要な情報を提供するように努めなければならない。 消費者も事業者から提供された情報を活用し、契約内容について理解するように努めなければならない。
第4条	事業者が次の行為をしたことにより誤認した消費者は、契約を取り消すことができる。 ①重要事項について事実と異なることを告げる。 ⇒消費者が告げられた内容が事実であると誤認したとき。 ②重要事項について消費者の不利益となる事実を故意に告げないこと。 ⇒不利益となる事実がないと誤認
第8条	次に掲げる消費者契約の条項は無効とする。 ①事業者の債務不履行により、消費者に生じた損害を賠償する責任の全部を免除する条項。 ②事業者の故意又は重大な過失による債務不履行により消費者に生じた損害を賠償する責任の一部を免除する条項。 ③事業者の不法行為によって消費者に生じた損害を賠償する民法の規定による責任の全部を免除する条項。 ④事業者の故意又は重大な過失によって消費者に生じた損害を賠償する民法の規定による責任の全部を免除する条項。 ⑤有償の契約の場合で、目的物に隠れた瑕疵があるときに、その瑕疵により消費者に生じた損害を賠償する事業者の責任の全部を免除する条項。
第9条	消費契約に基づいて支払う金銭の全部又は一部を消費者が支払い期日までに支払わない場合の損害賠償の額を予定し、又は違約金の額を定める条項で、これらを合算した額が年利14.6%を超える場合には、その超える部分について無効。
第10条	消費者の権利を制限し、又は消費者の義務を加重する消費者契約の条項であって消費者の利益を一方的に害するものは無効とする。

◆老人ホームと借家法

★原則、賃貸高齢者住宅には借地借家法、公的施設には特別法が適用

■老人ホームの種類

施設の種類	特別養護老人ホーム（特養）	介護老人保健施設（老健）	グループホーム	軽費老人ホーム（ケアハウス）	サービス付高齢者向け住宅（サ高住）	有料老人ホーム
運営	地方公共団体・社会福祉法人	医療法人・地方公共団体・社会福祉法人	社会福祉法人・民間企業	主に社会福祉法人	主に民間企業	主に民間企業
入居対象者	要介護１以上	要介護１以上	要支援２以上	元気な人から要支援・要介護	元気な人から要支援・要介護	元気な人から要支援・要介護
特徴	生活全般の介助が提供される介護老人福祉施設。安価に入居できるが、数年の待機が必要になる場合もあり、個室だけでなく、多床室（相部屋）も多い。	要介護の高齢者を対象に、在宅復帰を目指してリハビリテーションなどを提供する短期滞在型の施設。	認知症の高齢者を対象とする小規模施設。介護スタッフと一緒に共同生活を営み、認知症の進行を遅らせることを目的としている。	高齢者に配慮した専門住宅で、生活にかかる費用を抑えて暮らすことが可能。介護サービスなど提供されない場合もある。	安否確認・生活相談のサービスが付いた住宅。介護などサービスを受けるには住宅の運営主体や外部の事業所と別契約が必要。	住まいと食事や生活支援サービスが一体となった居住施設。介護サービスは同一の事業所から提供されることが多い。部屋は原則として個室。
根拠法令	老人福祉法・介護保険法	老人福祉法・介護保険法	老人福祉法・介護保険法	老人福祉法・介護保険法	高齢者住まい法	老人福祉法

※建物の賃貸借に該当する場合、原則、借地借家法が適用される。

◆介護付有料老人ホーム

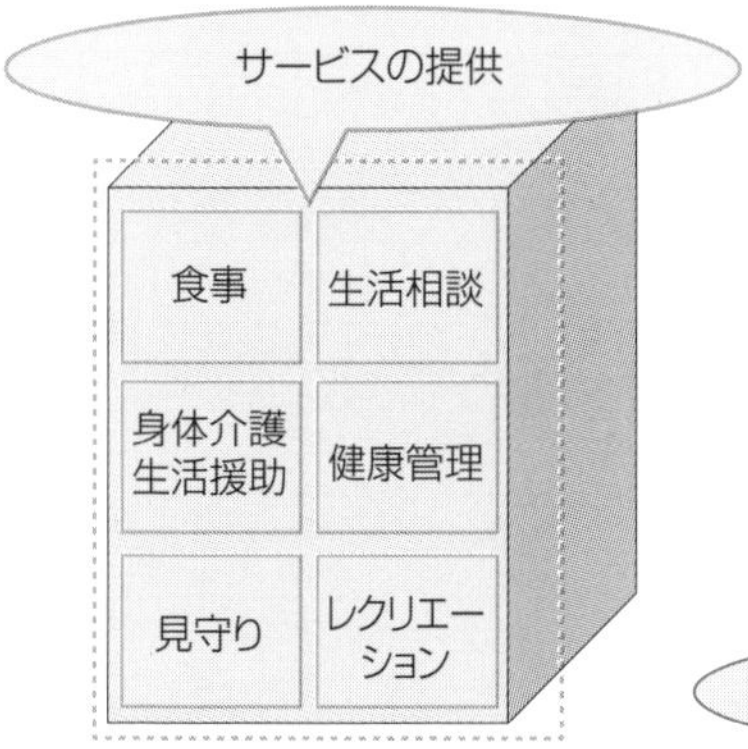

特定施設入居者生活介護の在宅サービスにより、介護サービスが提供されている。
（ホームとサービスが一体となっている）

◆住宅型有料老人ホーム
◆サービス付き高齢者向け住宅（サ高住）

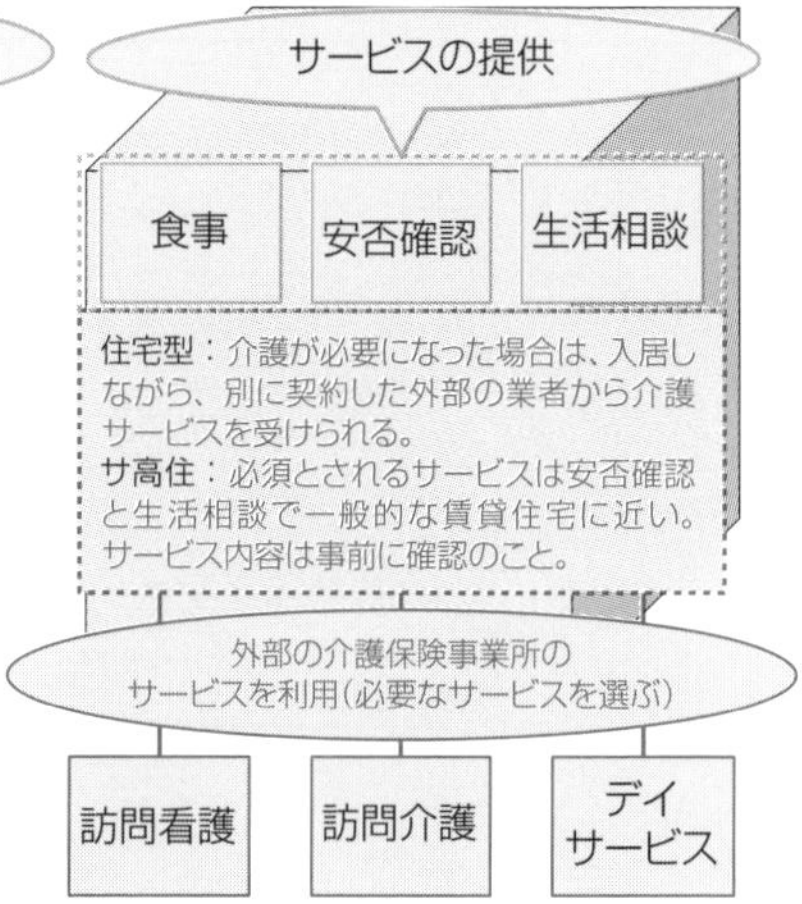

※いずれも、原則として借地借家法が適用される。

第1章

賃貸契約と契約書の作り方

♧賃貸アパート・マンション・一戸建て・店舗などの賃貸借契約のポイント&書式。

◆建物の賃貸借契約と借地借家法

★建物の貸借契約で借地借家法が適用されると、借家人は多くの点で保護される。

■図解15・借地借家法の適用がある場合とない場合■

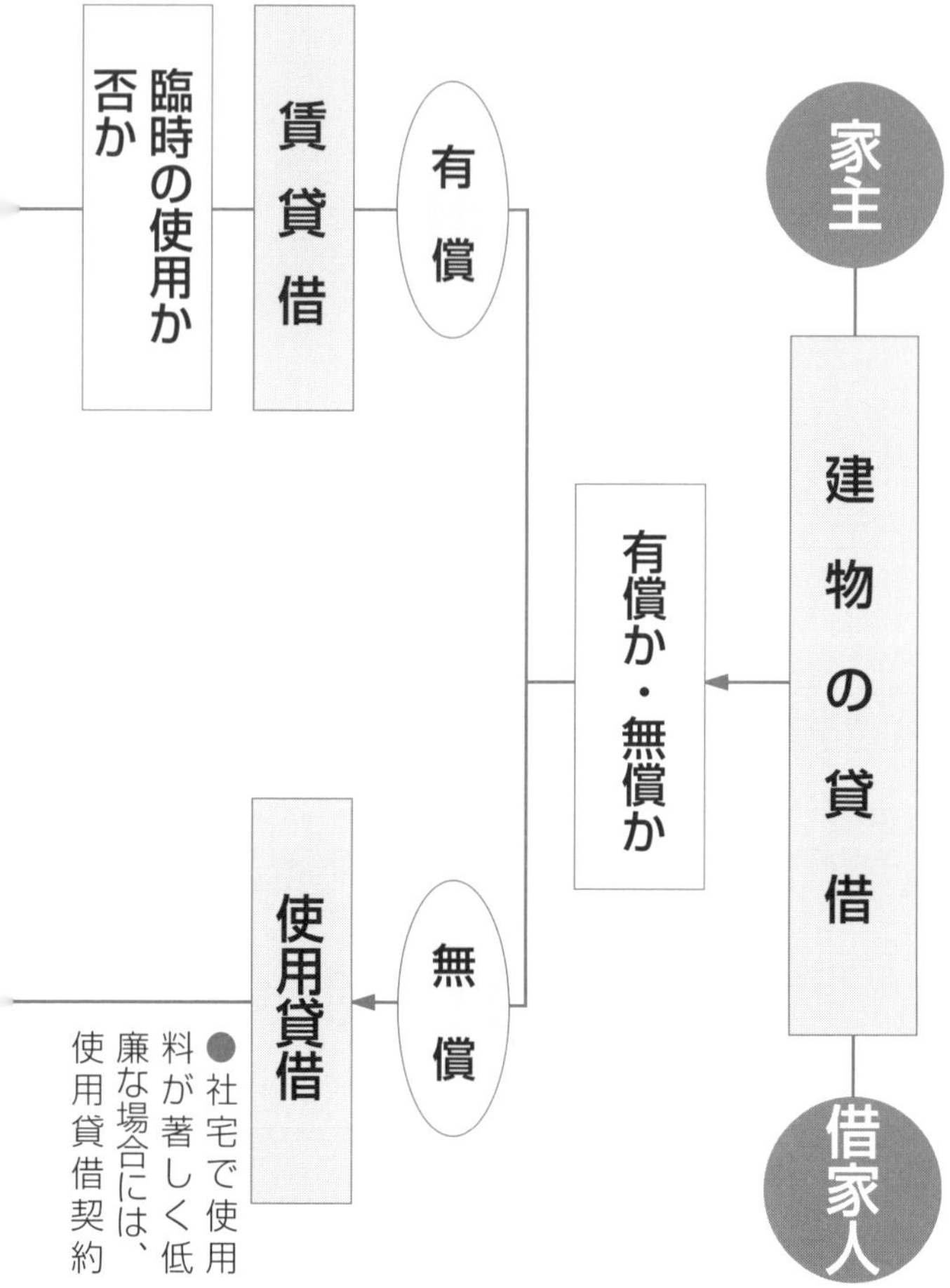

■借地借家法は、さまざまな場面で借家人を保護しています。

しかし、建物を借りる場合のすべてに借地借家法が適用されるわけではありません。

同じ建物を借りる場合でも、賃料を払わずにタダで借りる場合には、特殊な人間関係に基づいて、家主の厚意で借りている場合がほとんどです。

このような場合にまで借地借家法を適用して借家人を保護することは、家主の厚意を無にすることにもなりかねません。

会社が従業員に住宅を賃貸している場合には、その利用関係は、労働契約が存在していることが前提になっており、また、賃料も低廉な場合が多いものです。

この場合にも借地借家法

とされ、借地借家法の適用はないとするのが判例の見解。

借地借家法は適用されず民法が適用される

臨時の使用である

●臨時の使用であるか否かは、賃貸借の動機、目的等諸般の事情から判断する。

臨時の使用ではない

●地方公共団体が建設した賃貸住宅の場合には公営住宅法が適用される。

借地借家法が適用される

※民法が適用される場合には、契約期間が満了しても、家主と借家人の合意がない限り、契約は更新されることがないなど、さまざまな点で借家人の保護はありません。

※借家が地方公共団体が建設した公営住宅である場合には、住宅困窮者や低額所得者に低廉な家賃で賃貸するという特別の目的があるため、入居資格や家賃の額が公営住宅法や政令、条例によって制限されています。しかし、公営住宅であっても、その利用関係については民法や借地借家法の適用があります。

を適用すると、従業員が退職しても、会社は簡単に解約できないなどの問題が発生します。

社宅の場合には、その使用料が対価としての相当な額であるような場合を除いて、使用貸借契約として考えるべきです。

■また、明らかに臨時の使用のための賃貸借である場合にも、借地借家法の適用は一切ありません。

一時的な使用であることが明らかな場合にまで、家主の更新拒絶や解約を制限する必要はないからです。

■なお、公営住宅の場合には公営住宅法や政令、条例が優先的に適用されますが、その住宅の利用関係については借地借家法や民法が適用されます。

1 借家契約の存続期間

借地借家法の適用のある借家契約は、期間を定めた場合でも、定期借家契約でない限り、期間が満了したからといって、それで終了するわけではありません。

■借家契約の種類

借地借家法の適用がある借家契約には、更新が認められる契約（普通借家契約）と、更新を一切認めない借家契約（定期借家契約）があります。

■期間の定めのない借家契約

借家契約に存続期間を定めなかった場合には、家主からも、借家人からも、いつでも解約申入れをすることができます。

そして家主からの解約申入れの場合には、解約申入れ後6か月が経過したときに契約は終了し、借家人からの解約申入れの場合には、解約申入れ後3か月が経過したときに契約は終了します。

ただし、家主が解約申入れをするには、正当事由（98～101ページ参照）が必要です。

■期間を定めた借家契約

普通借家契約の期間を定める場合には、1年以上の期間を定めなければなりません。1年未満の期間を定めた場合には、期間の定めのない借家契約となります。

■借家契約の法定更新

期間の定めのある借家契約の場合には、期間満了の1年前から6か月前までの間に、家主または借家人のいずれかから相手方に、更新をしない旨の通知、または条件を変更しなければ更新をしない旨の通知、をしなかったときは、期間の点を除き同一の条件で契約は更新されたものとみなされます（96ページ参照）。家主がこの通知をする場合には、正当事由が必要です。

また、更新しない旨の通知があった場合でも、期間満了後も借家人が建物の使用を継続する場合に、家主が遅滞なく異議を述べなかったときは、契約は更新されたものと見なされます。

（建物賃貸借の期間）

借地借家法第29条　期間を1年未満とする建物の賃貸借は、期間の定めがない建物の賃貸借とみなす。

■図16・借家契約はいつまで続く■

★建物の借家人は、賃借建物の引渡しを受けていれば建物譲受人にも賃借権を主張できる。

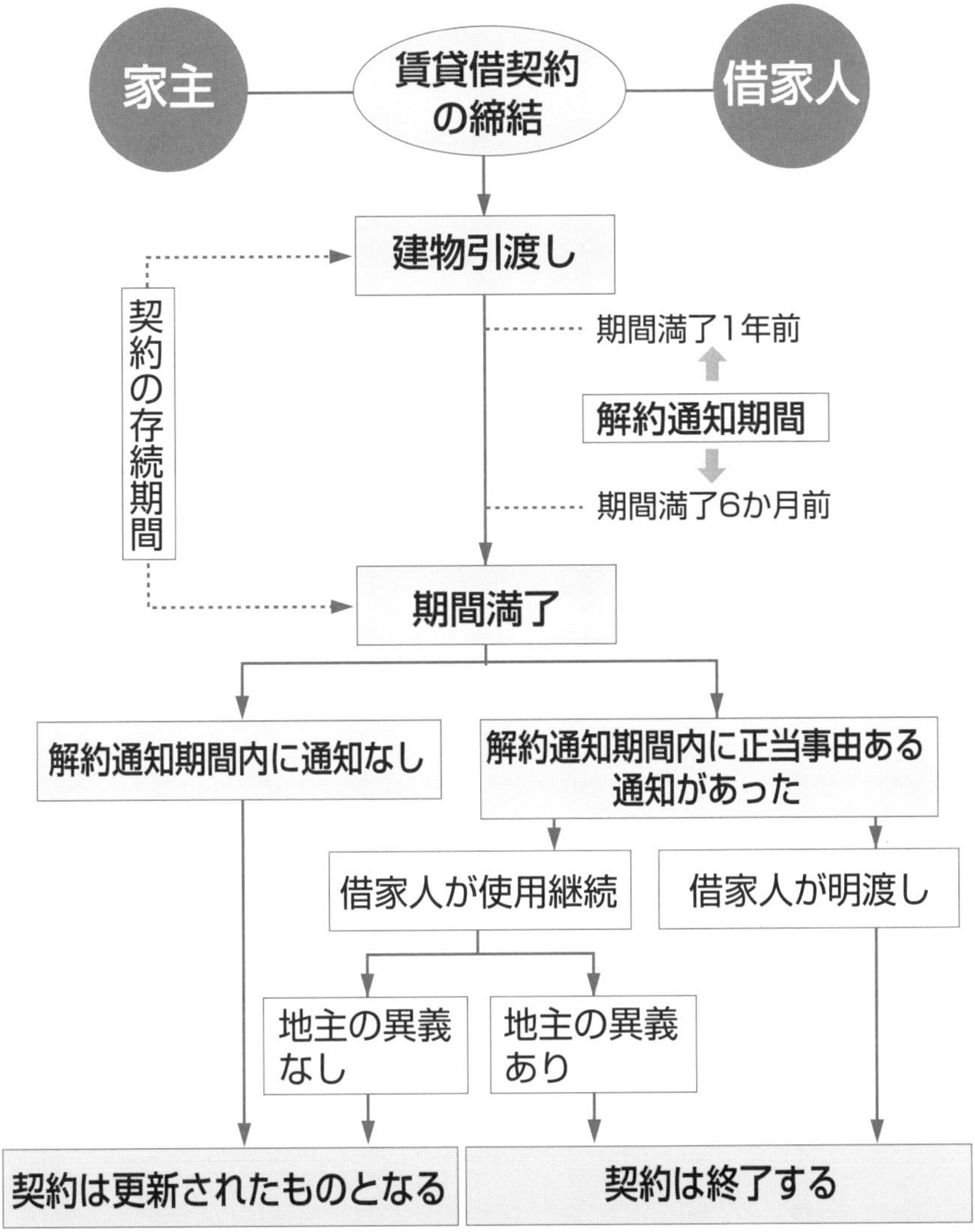

※なお、法定更新が認められた場合には、更新後の契約は期間の定めのない借家契約となります。

2 借家契約で必要なお金

借家契約には、手付金、敷金、保証金、礼金、権利金、更新料といった名称の金銭が交付されることがありますが、中には法律上の性格があいまいなものもあります。

手付金

手付金とは、契約が成立した証として交付される金銭その他の有価物をいいます。

手付金には解約手付としての性質があり、手付を交付した側は、その手付の返還請求権を放棄することで、手付を受領した側は受け取った手付の倍額を支払うことで、相手方が契約の履行に着手するまでの間は契約を解除することができます。

敷金・保証金

敷金とは、借家人が家賃の支払いを怠ったり、建物を傷つけた場合など、債務不履行があったときに、その損害賠償を担保するために交付される金銭です。家主は、契約が終了し、借家人が建物を明け渡したときは、損害賠償分を差し引いて残金があれば返還しなければなりません。

保証金は一般に敷金と同じ性質を持つといわれますが、それ以外にも、建物の建設資金としての性質、借家人からの中途解約の場合の違約金としての性質などを持つ場合があります。そのいずれであるかは、賃貸借契約に付された特約によって判断します。

礼金・権利金

礼金・権利金の有無は地域によって異なります。その性質は営業上の利益に対する対価としての性質、賃料の一部の前払いとしての性質、賃借権設定の対価としての性質などがあります。

更新料

契約の更新に際して支払われる金銭です。判例は更新料を支払う旨の特約は有効としていますが、このような特約がない場合には、借家人に支払義務はないとしています。

更新料を支払う旨の特約がある場合に、支払拒絶をすると契約の解除の問題となります。

（手付）

民法第557条　買主が売主に手付を交付したときは、買主はその手付を放棄し、売主はその倍額を現実に提供して、契約の解除をすることができる。ただし、その相手方が契約の履行に着手した後は、この限りでない。

■図17・借家契約とお金の種類■

★借家契約で授受される金銭にはさまざまなものがあり、中には法律上の性質が不明なものもある。

(1) 手付金

手付金を交付した場合には、特約がない限り、解約手付の性質がある。

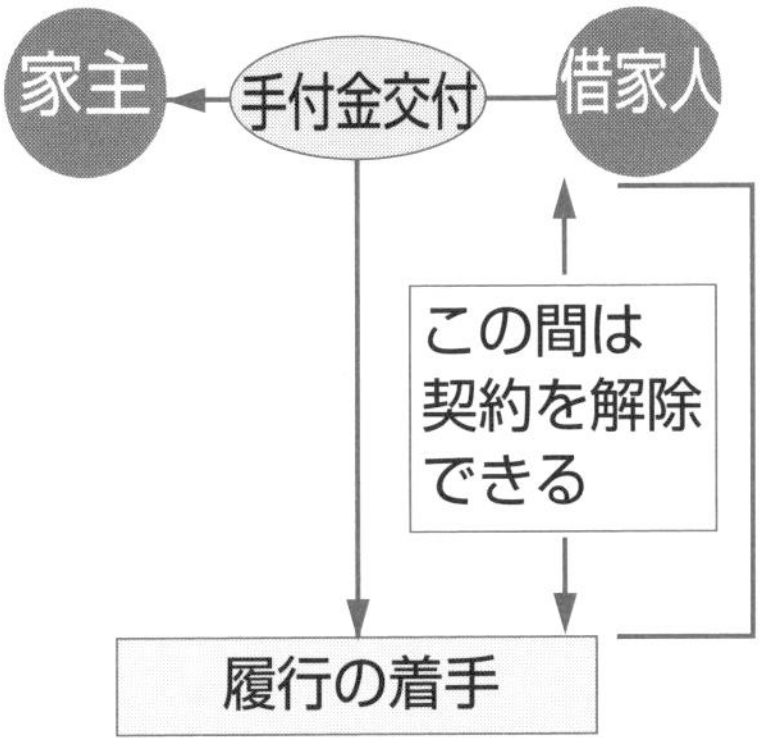

(2) 敷金

借家人の債務不履行があった場合、明渡し後に敷金から控除され、残金があれば返還される。

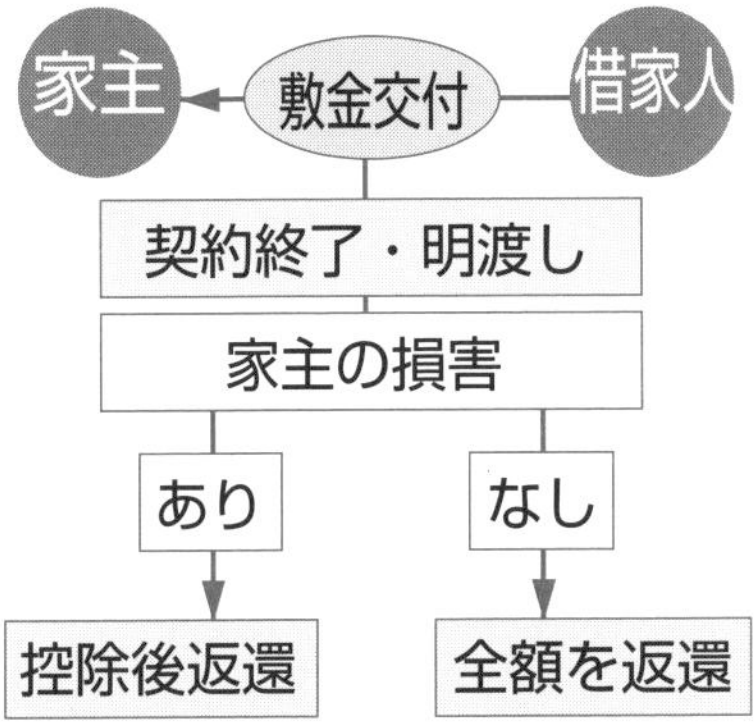

(3) 礼金・権利金

原則として返還されないが、家主の都合で期間満了前に契約が終了した場合は残期間に応じた額が返還されることもある。

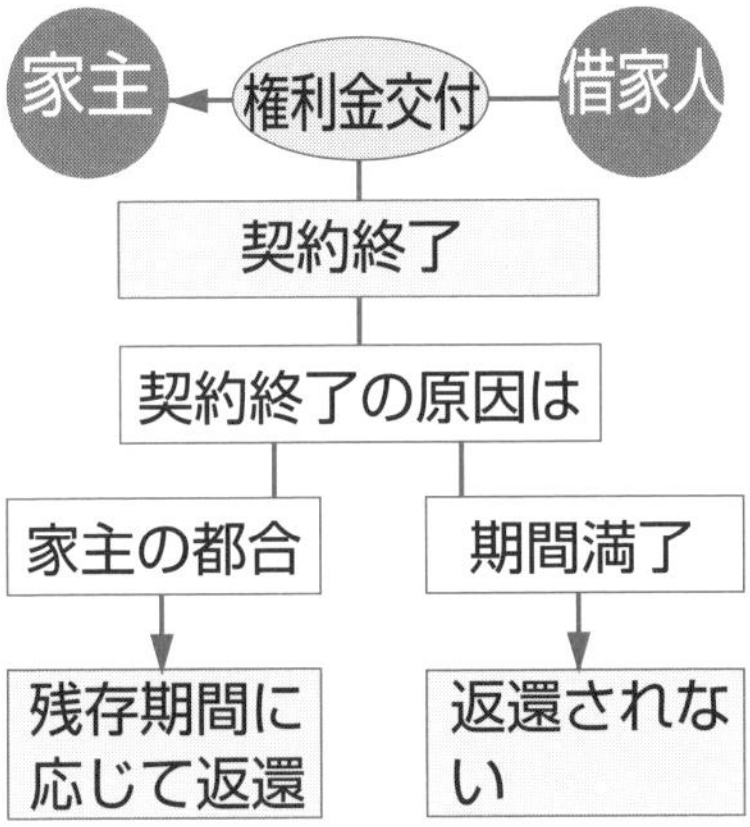

(4) 更新料

更新料を支払う旨の特約がある場合には支払義務が生じるが、特約がなければ支払う必要はない。

3 借家契約書の記載事項

借家契約は、定期借家契約を除き、口頭でも締結することができるが、後日のトラブルを防止するためには、一定の事項を記載した契約書があった方がよい。

契約書の意義

契約書はトラブル防止のための証拠書類としての意味があります。そのため、トラブルが発生しやすい事項については必ず記載しておく必要があります。

契約書の表題

表題は覚書や確認書などとされていても、その内容が契約書として必要な事項を網羅していれば立派な契約書です。

当事者の特定

契約は当事者を拘束するものです。したがって、誰と誰が契約に拘束されるのかが不明では契約書の意味はありません。当事者を氏名と住所で特定することが必要です。

また、当事者が会社であれば、会社名だけでなく、代表者の氏名と代表印を押印します。

契約書の記載事項

契約書に最低限記載しなければならないのは、当事者の他、貸借の目的となる建物、使用目的、家賃、期間です。その他の特約条項に関しては、必要があれば記載しますが、更新料に関する事項や借家を転貸することについての承諾の有無、造作の設置についての承諾の有無、造作買取請求権を認めるか否かなど、後日トラブルになる可能性がある事項についてはできるだけ詳細に記載しておくべきです。

特約の効力

借家契約を締結する際にはさまざまな特約(遅延損害金・禁止行為など)が付されます。しかし、子どもが生まれたら立ち退くといった特約や、家主の求めがあればいつでも立ち退くといった特約、あるいは普通借家契約で一切更新を認めないといった特約は無効です。

特約の有効・無効のケースについては、84ページを参照してください。

（強行規定）

借地借家法第30条・37条　この節の規定（26条～29条）に反する特約で賃借人に不利なものは無効とする。31条、34条、35条の規定に反する特約で建物の賃借人または転借人に不利なものは無効とする。

■図解18・借家契約書に定めること■

★後日のトラブル防止のために、借家契約書には必ず定めておくべき事項、定めておいた方がよい事項がある。

記載すべき事項	記載すべき理由
当事者の氏名・住所	誰と誰が締結した契約であるかを明らかにします。
建物の所在・地番	貸借の目的となる建物を特定します。
家賃の額	家賃額は最低限必要です。
建物の引渡し時期	借家人がいつから使用できるのかを明らかにします。
契約の存続期間	期間を定める場合には、必ず契約期間を記載します。
使用目的	居住用であるか、事業用であるかなどを記載します。
家賃以外に授受される金銭がある場合には、その金銭の額、授受の時期、目的	家賃以外に、敷金、権利金、礼金、更新料などを交付する場合には、額を明示します。また、権利金や礼金などは法律上性質が明らかではないので、契約書にその性質を記載して、内容を明らかにします。
契約の解除に関する定めがある場合にはその内容	一定の場合には契約が解除されるという定めをした場合にはその内容（どのような場合に解除されるか）。
天災その他不可抗力による損害の負担に関する定め	地震や洪水などの天災で建物が毀損した場合に、その修繕義務を家主と借家人のいずれが負担するのかをあらかじめ明らかにしておきます。
転貸の承諾の有無	借家人が借家を転貸（又貸し）することについて承諾する場合には、その旨を記載します。

※定期借家権設定契約書には、必ず「更新がなく、期間満了により契約が終了する旨」を定めておきます。
※一戸建ての建物の賃貸借については、その建物の敷地の利用に制限がある場合にはその旨を記載しておいてください。

4 普通借家権設定契約の仕方

普通借家契約書は、特に契約書を作成することは義務づけられていませんが、トラブル防止のために、契約書は必ず作成しておくべきです。

普通借家契約書の注意点

(1)当事者の特定

必ず家主と借家人双方の氏名と住所を記載します。

(2)建物の特定

一戸建ての建物全体の賃貸借の場合には、目的となる建物の所在と地番を記載すればよいのですが、アパートやマンションの場合には目的となる部分が所在する階および部屋番号で特定しなければなりません。

また、建物の構造や設備なども記載しておいた方がよいでしょう。

(3)使用目的

居住専用であるとか、事務所や店舗専用であるとか、使用目的に制限がある場合には必ずその旨を明記します。

(4)賃料

賃料については額はもちろん、支払時期と支払方法について明記します。

また公租公課の増減により改定するなど、賃料の改定に関する特約がある場合にはその旨を明記しておきます。

(5)契約の解除に関する事項

賃料の一定額以上の滞納があった場合には、契約を解除できる旨が定められています。

他にも用法違反や無断転貸、借家人が銀行取引を停止された場合などは、契約を解除できる旨が記載されます。また、借家人からの解約申入れについても、何か月前に行えばよいかを明記します。

(6)その他　更新料について定めをする場合や、連帯保証人をおく場合、敷金その他の金銭の授受がある場合にはその旨記載します。

なお、契約書の印は三文判でもかまいませんが、最近は本人確認のため実印とし、印鑑証明書を添付するケースが多くなっています。

（更新料支払特約の合法性）

更新料支払特約の合法性については、下級審の判例は有効・無効に別れていたが、最高裁判所は「…高額すぎるなど特別な事情がない限り有効」と判旨した(94ページ下欄参照)。

■図解19・普通借家契約書の作り方■

建物賃貸借契約書

令和○年○月○日

○○県○○市○○町○丁目○番
貸主（甲）　甲山　太郎　㊞
○○県○○市○○町○丁目○番
借主（乙）　乙山　二郎　㊞

①契約の成立
　甲乙間において甲の所有する後記建物の賃貸借契約を締結した。

②目的物の表示
　○○県○○市○丁目○番地に所在する鉄筋コンクリート６階建（△△ビル）のうち、○階○○号室（□□㎡）

③使用目的
　住居専用

④賃料
　１か月に付き金　　　　円とし、毎月末日限り貸主指定の銀行口座に振り込むものとする。

⑤契約の存続期間
　賃貸借契約の存続期間は平成○年○月○日より２年間とする。ただし契約を更新することができる。

⑥敷金
　乙は敷金として金　　　　円を本日甲に差し入れる。この敷金には利息を付さない。

⑦賃借人からの解約
　乙が期間満了前に契約を解約するときは、１か月前に予告するか、または予告後１か月分の賃料を支払わなければならない。

⑧契約の解除
　乙が本契約の各条項に違反し、信頼関係を破壊したときは、甲は催告なしに契約を解除することができる。

⑨敷金の返還
　⑥の敷金は、乙が目的物の返還を終了したときに、未払いの賃料および共益費用、損害金その他、乙の甲に対する債務の一切を控除した上でこれを返還する。

⑩建物使用規則の承認
　乙は、目的物および建物内共用部分の使用につき、甲が定める使用規則を遵守するものとする。

――以下省略――

※貸主と借主は双方とも住所・氏名を明記します。
②賃貸の目的物を特定するために、マンションやアパートであれば所在だけでなく部屋番号を明記します。
③使用目的ははっきりと分かるようにしておきます。
④賃料の額、支払時期、支払方法を明記する。
⑤更新の問題があるので契約の期間は必ず定めます。そして必ず１年以上の期間を定めます。１年未満の期間を定めたときは期間の定めのない契約になります。
⑥借家人からの解約を認める場合には何か月前に申入れをするかを明記。
⑦敷金の性質をここで明記し確認しておきます。
⑧アパート・マンションでは使用規則を遵守する旨を必ず定めておきます。

5 定期借家権設定契約の仕方

定期借家契約は必ず書面で締結しなければならず、その契約書にも必ず記載しなければならない事項が定められています。これがなければ普通借家契約となります。

定期借家契約と公正証書

定期借家契約は、公正証書で締結することまでは要求されていませんが、必ず書面で締結しなければなりません。しかし、契約期間が長期間に及ぶ場合には、特殊な契約であるだけに公正証書で契約した方が無難です。

公正証書にしておけば、契約終了後も10年間は公証役場で原本が保存されるからです。

公正証書の作り方については、60ページを参照してください。

定期借家契約書の注意点

定期借家契約の場合には、契約締結前にも更新がない旨を記載した書面を交付して借家人に説明する必要があります。しかしこれだけではなく、これに加えて契約書にも、契約の更新がなく、期間の満了によって当該建物の賃貸借は終了する旨を記載しなければなりません。これは借家人が更新がないことについて理解しないまま定期借家契約を締結すると、期間満了のときになって不測の事態に陥る可能性があるからです。

定期借家契約を締結する場合には、その性質上必ず期間を定めなければなりませんが、普通借家契約と違って、1年未満の期間を定めることもできます。

定期借家契約と家賃改定特約

普通借家契約と異なり、定期借家契約の場合には家賃の改定についての特約がある場合に限って、特約に従った改定が認められますが、それ以外には、増減請求ができなくなります。改定特約があるというためには、家賃を客観的に定めるものでなければなりません。

定期借家契約と再契約

定期借家契約は、更新が認められないため、期間満了後も契約を継続する際は再契約を締結することになります。

（定期借家契約である旨の説明）

借地借家法第38条3項　建物の賃貸人が前項の規定による説明（定期借家契約である旨の説明）をしなかったときは、契約の更新がないこととする旨の定めは無効とする。説明不足を理由として定期借家契約の成立を否定・最高裁平22年7月16日。

■図解20・定期借家権設定契約書の作り方■

定期借家権設定契約書

令和○年○月○日

○○県○○市○○町○丁目○番
貸主（甲）　甲山　太郎　㊞
○○県○○市○○町○丁目○番
借主（乙）　乙山　二郎　㊞

①契約の締結
　甲及び乙は、後記建物につき下記の条項により借地借家法第38条に規定する定期建物賃貸借契約を締結した。

②建物の表示
所在　○○県○○市○町○丁目○番地
家屋番号　○番
構造　木造瓦葺き２階建
種類　住居
床面積　○○㎡

③契約期間
　契約期間は平成○年○月○日より２年間とする。

　なお、本契約は期間満了により終了し、更新がない。

　ただし、甲及び乙は、期間満了の日の翌日を始期とする新たな賃貸借契約（再契約）をすることができる。

④期間満了の通知
　甲は、本契約の期間満了の日の１年前から６か月前までの間（以下通知期間という）に、乙に対し、期間満了により契約が終了する旨を書面で通知するものとする。甲がこの通知をしないときは、賃貸借の終了を乙に主張することができず、乙は、期間満了後においても引き続き賃借することができる。甲が通知期間の経過後にこの通知をしたときは、通知の日から６か月を経過した日に賃貸借は終了する。

⑤敷金
　乙は敷金として金　　　円を本日甲に差し入れる。この敷金には利息を付さない。

⑥賃借人からの解約
　乙が期間満了前に契約を解約するときは、１か月前に予告するか、または予告後１か月分の賃料を支払わなければならない。

⑦契約の解除
　乙が本契約の各条項に違反し、信頼関係を破壊したときは、甲は催告なしに契約を解除することができる。

――以下省略――

※契約当事者の住所・氏名を必ず記載するのは普通借家契約と同じです。
①借地借家法第38条に規定する定期借家契約である旨を明記します。
③契約期間の記載の後に契約が期間満了により終了し、更新がない旨を明記します。また、両当事者が合意すれば再契約が可能である旨も記載しておいた方がよいでしょう。
④期間満了前１年前から６か月前までの間に家主が通知をしなければ契約は終了しないことについては借地借家法に定められていますが、確認のために明記しておきます。
※その他の部分は、普通借家契約と同じです。

6 貸家の譲渡契約の仕方

賃貸している建物でも、家主は他人に譲渡することができます。この場合には、建物を賃貸している旨と、家主としての法的地位も併せて移転することを明記します。

貸家を譲渡する場合の注意点

建物の賃借人は、引渡しがあれば、その後にその建物の所有権を取得した第三者に対しても賃借権を主張して、使用収益を続けることができます。

また、貸家の譲受人が望むと望まざるにかかわらず、判例は貸家の所有権の譲渡があれば、家主としての地位も当然に譲渡されたものとなると考えています。

そのため、他人に貸している建物を第三者に譲渡する場合には、家主としての地位も譲渡されることを明記しておくことが、後日のトラブルを防止するためには必要です。

譲受人が引き継ぐ賃貸借契約の内容

貸家の譲受人に引き継がれる賃貸借契約の内容は、原則として従来の契約と同一の内容です。

したがって賃料の額、支払時期や方法、契約の期間、その他特約の定めについてもそのまま引き継がれます。

敷金・保証金の授受がある場合

賃貸借契約締結の際に、敷金の授受がある場合には、判例は、貸家の旧所有者に差し入れられた敷金は、建物の所有権移転登記がされた時点で未払賃料等があればこれを差し引かれ、残額が貸家の譲受人に引き継がれるとしています。

保証金が敷金の性質で授受された場合には同じ扱いになりますが、保証金の性質はあいまいで、簡単に判断はできません。場合によっては借家人から家主への貸金である場合もあります。

したがって貸家の譲渡で保証金の授受がある場合には、どのような意味で保証金の授受が行われたのかを契約書に明記しておくべきでしょう。

（貸家の譲渡と家主の地位の移転）

判例・最高裁昭和39年8月28日　家主が、他人に賃貸している建物の所有権を第三者に譲渡したときは、特段の事情がない限り、家主の地位は新所有者に移転する。

■図解21・貸家の譲渡契約書の作り方■

借家権付建物譲渡契約書

令和○年○月○日

○○県○○市○○町○番地
売主　甲山　三郎　㊞
○○県△△市○○町○番地
売主　乙山　一郎　㊞

①契約の締結
甲乙間において、下記建物の売買契約を締結した。

②建物の表示
所在　○○県○○市○○町○番地
家屋番号　○○番
構造　木造瓦葺き平屋建
床面積　○○㎡

③建物賃貸人の地位の移転
甲は、現在丙川二郎に本件建物を賃貸中であり、乙は甲よりその賃貸人たる地位を包括的に承継するものとする。ただし、すでに履行期の到来した賃料についてはこの限りではない。

④借家人の表示
住所　○○県○○市○○町○番地
氏名　丙川　二郎（以下丙とする）

⑤甲丙間の借家契約の内容
賃料　1か月金○○円とし、毎月末日持参払い
使用目的　住居専用
賃貸期間　平成○年○月○日より平成○年○月○日まで
保証金　金○○円（敷金として受領）
特約　詳細は別紙契約書のとおり。

――以下省略――

③家主としての地位が移転することを必ず明記しておきます。

すでに履行期が到来した賃料については甲に請求権があることについても明記します。

④借家人が誰であるかを表示しておきます。

⑤譲受人は従前の借家契約の賃貸人となるのですから、借家人との間にどのような内容の契約が締結されているかは必ず明記します。内容が複雑な場合には賃貸借契約書を別紙として添付します。

7 借地上の建物の賃貸借契約書

借地上に建てた建物は借地人のものですから、これを借地人が他人に賃貸することは自由にできます。この場合は借地権の譲渡や転貸には当たらず、地主の承諾は不要です。

借地上の建物賃借人の立場

借地上の建物の賃貸は、建物所有者である借地人の自由であり、地主の承諾は不要です。

また、借地上の建物の借家人は、建物を利用することは当然として、通常の使用の範囲内であれば借地である建物の敷地を利用することもできます。

しかし、借家人の建物賃借権は、建物所有者である借地人の借地権の存在を前提としているため、何らかの理由で借地権が消滅すれば前提を失い、借家権も消滅します。そうなると、借家人は建物を明け渡さざるをえないのです。

借地上の建物賃借人の保護

借地借家法第35条は、地主に正当事由があり、借地権が期間満了によって消滅し、借家人が建物を明け渡さなければならなくなった場合に、借家人が借地権の存続期間の満了を、その1年前までに知らなかったときは、借家人は、裁判所に明渡しについて相当の期限を許与することを請求できるものとしました。

これによって、借地権の期間満了による終了の場合には、借家人はいきなり明渡しを迫られることはなくなったのです。

建物買取請求と借家人の関係

期間が満了して、地主に正当事由があり、借地権が消滅した場合でも、借地上の建物の借家人は、借地人（家主）が建物買取請求権を行使して、持主が代わっても、明け渡さなければならないわけではありません。

借地人が建物買取請求権を行使して、建物所有権が地主に移転した場合には、建物の売買などによって家主の地位が移転した場合と同じで、地主が家主としての地位を承継し、借家人はそのまま借り続けることができるのです。

（借地上の建物の賃貸借）

判例・大審院昭和８年12月11日　土地の賃借人が、借地上の建物を賃貸し、その敷地として建物賃借人に土地の利用を許容することは、借地の転貸借には当たらない。

■図解22・借地上の建物賃貸借契約書の作り方■

建物賃貸借契約書

令和○年○月○日

○○県○○市○○町○番地
貸主（甲）　甲山　三郎　㊞
○○県△△市○○町○番地
借主（乙）　乙山　二郎　㊞

①契約の締結
甲乙間において下記建物の賃貸借契約を締結した。

なお、本件建物は、甲が契約外丙山二郎所有土地に賃借権の設定を受けて建築したものであり、この賃貸借契約終了の際は、乙は本件建物を直ちに明け渡す旨を誓約する。

②建物の表示

所在	○○県○○市○○町○番地
家屋番号	○○番
構造	木造瓦葺き２階建
種類	住居
床面積	○○㎡

③建物賃貸借の期間
平成○年○月○日より○年間とする。

ただし、本契約は更新することができる。

なお、本契約の存続中であっても、甲と契約外丙山二郎の間の借地契約が終了したときは、本契約も同時に終了するものとし、乙は本件建物から退去してこれを明け渡さなければならない。

④建物の用途
甲と契約外丙山二郎との間の土地賃貸借契約に基づき建築された本件建物は居住のみを目的としているので、乙は、本件建物を居住目的以外に使用してはならない。

⑤賃料及び支払方法
１か月につき金○○円とし、毎月末日に翌月分を持参して支払うものとする。

⑥契約の解除に関する事項
甲において契約を解除する場合には３か月前に、乙において契約を解除する場合には１か月前に解約申入れをするものとする。

——以下省略——

①賃貸借契約の目的である建物が、借地上に建築されたものであることを明示し、借地契約終了の際には、建物賃貸借契約も終了することにしておきます。
なお、建物賃貸借契約書に、借地契約書の写しを添付することを忘れないでください。

③建物賃貸借契約の存続中であっても、借地契約の終了によって、契約は終了する旨を確認しておきます。

④借地契約に建物の用途制限がある場合には、その制限に合わせておく必要があります。

8 一時使用の借家契約書

一時使用のための借家契約の場合には借地借家法の規定は一切適用されないため、契約書には、一時使用であるか否かが確実に判断できるように記載する必要があります。

表題を一時使用とするだけではダメ

契約書を作成する際に、表題に一時使用または臨時使用という文言を使用しておくことは当然です。

しかし、表題に一時使用という文言を使ったからといって、それだけで一時使用の借家契約と認められるものではありません。

逆に、契約書の表題はどのようなものであっても、契約の内容から一時使用目的であることが明らかであれば、一時使用の借家契約となります。

契約期間の長短は無関係

建物の契約期間が短かいからといって、それだけで一時使用の借家契約となるわけではありません。極端な例では、更新が重ねられたあげく28年間継続した借家契約が一時使用目的であるとして、判例で借地借家法の適用が排除されたものもあります（東京高裁昭和60年10月30日）。

また、契約で存続期間を定めなかったからといって、一時使用の借家契約となるものでもありません。この場合には、期限の定めのない借家契約となり、家主と借家人、いずれからでも、いつでも解約申入れができるだけです（102ページ参照）。

使用目的がポイントになる

一時使用であるか否かの判断は、ほとんどの場合は契約をした動機や使用目的を中心に判断されます。

したがって、一時使用目的の借家契約を締結する場合には、その契約書の使用目的の欄に、「臨時展示場設置のため」「○○祭りの準備のため」「一時的な保養のため」「○○の工事のための用具格納のため」などと臨時に使用するだけである旨を、できるだけ具体的に記載しておくべきなのです。

（期間の定めのない賃貸借）
民法第617条　当事者が賃貸借の期間を定めなかったときは、各当事者はいつでも解約の申入れをすることができる。

■図23・一時使用の建物賃貸借契約書の作り方■

建物一時使用賃貸借契約書

※表題にも一時使用目的であることを明示します。

令和○年○月○日

○○県○○市○○町○番地
貸主（甲）　甲山　三郎　㊞
○○県△△市○○町○番地
借主（乙）　乙山　一郎　㊞

①契約の締結
　甲と乙は、下記建物につき一時使用のための賃貸借契約を締結した。
②目的物の表示
　○○県○○市○○町○番地上に所在する、鉄筋コンクリート造５階建ビル（建坪○○㎡）のうち、１階○○号室（○㎡）および１階△△号室。
③建物の使用目的
　乙は、○○県○○市○町○番地に所在する、乙所有の文房具販売店店舗用ビル改築工事終了までの間の仮店舗として使用する。

①②一時使用目的であるかどうかは、契約期間の長短で決まるものではありません。
　必ず期間以外の部分で一時（臨時）の使用であることが分かるように明示しておきます。

④賃料
　１か月につき金○○円とし、毎月末日に甲の指定する銀行口座に振り込むものとする。
⑤契約期間
　③に定める工事完了までの間とする。
⑥原状回復
　乙は、期間満了のときは、本件建物を原状に復して返還する。
⑦保証金
　乙は、甲に対し保証金として金○○円を預け入れ、乙がこの貸借に基づき甲に負担すべき債務の担保とする。

　なお、保証金には利息を付さない。

⑤契約期間は○年○月○日より○か月間としたり、○年○月○日より○年○月○日までとしても構いません。

9 家主の交替と借家人への影響

借家が売買されたり、相続されたり、また贈与されて所有権が移転した場合には、それに伴って家主の地位も移転すると考えられています。

家主の地位の移転

借家の譲渡については、借家人の承諾は必要はありません。家主が自分の所有物を譲渡するだけですから、何の問題もないのです。そして、譲渡されて借家の所有権が移転した場合には、譲受人が家主としての地位を受け継いで新しい家主になります。

借家人に対して家主が負う義務は、その借家の所有権を持っているものであれば、誰でも履行することができる性質のものですから、このように考えられているのです。

家主と借家人の関係

借家人は、借家の家主が交替しても、借家の引渡しを受けていれば、借家権を新家主に主張することができます（借地借家法第31条）。

したがって借家人は、新家主から立ち退きを迫られても、立ち退く必要はありません。つまり、借家人にとっては、家主の交替はそれほど大きな問題でもないのです。

しかし、新家主が、借家人の借家権の存在を認めて、家主としての権利を主張してきた場合には少々問題があります。家主の交替は借家人の承諾なしに行うことができますから、借家人が知らないうちに、家主が交替していたということもあるのです。

場合によっては、新家主が借家人に賃料を請求して来ても、本当に家主の地位を引き継いだのかどうかは、借家人には分かりません。賃料の二重払いをしてしまうこともあり得ます。

そこで判例は、借家の譲渡を受けて、家主としての地位を引き継いだ譲受人が、新家主として借家人に賃料を請求する場合には、借家の移転登記を受けていなければならないとしたのです。

（建物賃貸借の第三者対抗力）

借地借家法第 31 条 1 項　建物の賃貸借は、その登記がなくても、建物の引き渡しがあったときは、その後その建物について物権を取得した者に対し、その効力を生ずる。

■図解24・家主が交替するとどうなるか■

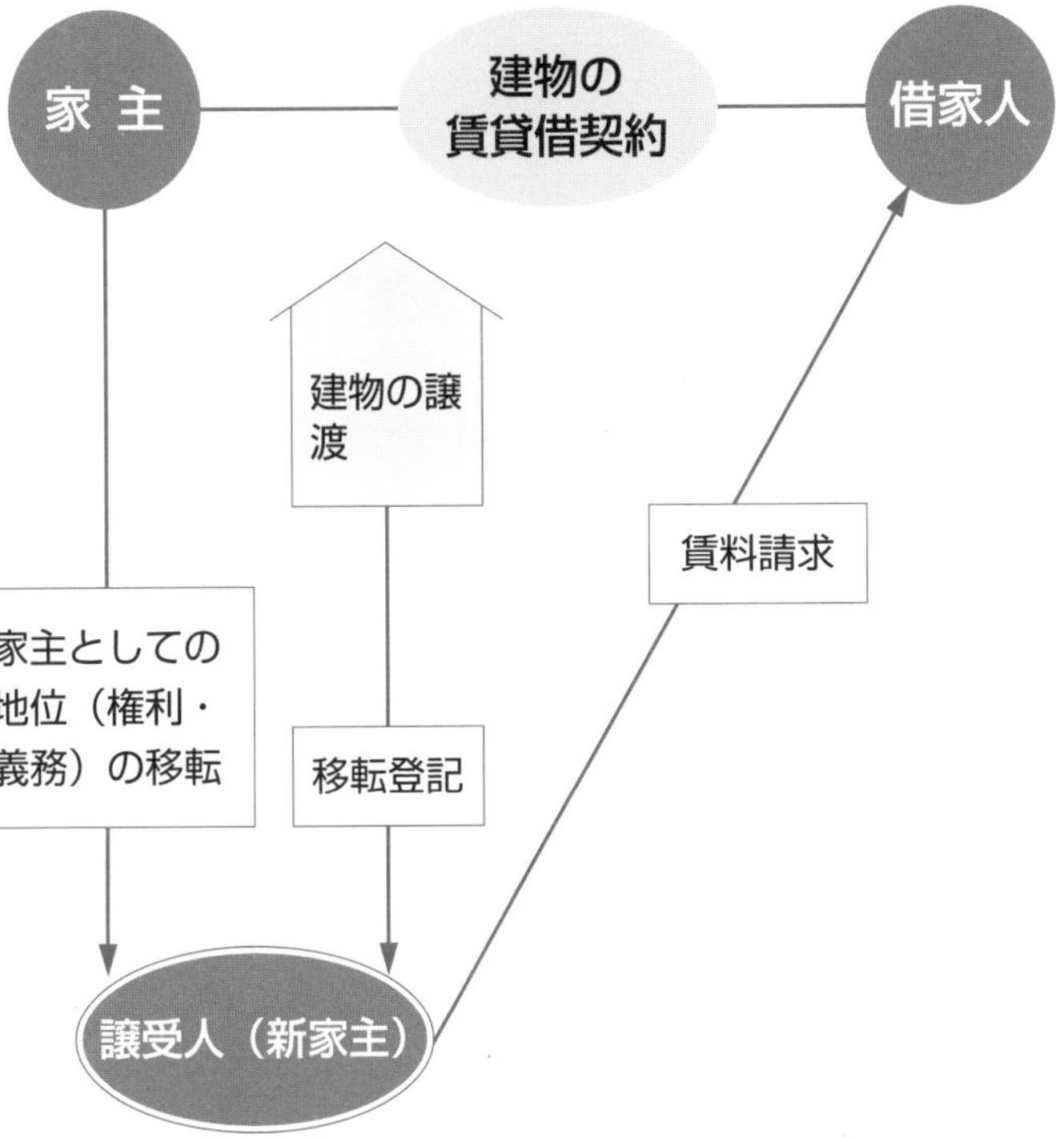

●借家の所有権移転と家主の地位の移転

借家が譲渡された場合には、家主としての地位も併せて借家の譲受人に引き継がれます。

●借家譲受人の借家人に対する賃料請求

借家の譲受人が、借家人に賃料請求をするには、借家の移転登記を得ておかなければなりません。

●借家譲受人に引き継がれる賃貸借契約の内容

借家譲受人に引き継がれる賃貸借は、原則として従来の賃貸借契約と同一の内容となります。したがって賃料の額、支払方法、契約期間、支払済の必要費や有益費の償還義務、その他の特約もすべてが同一内容となります。

●新家主と敷金

借家人が以前の家主に対して敷金を交付している場合には、借家の所有権移転登記の時点で滞納された賃料などがあれば、まずこれに充当され、残額については、すべて新家主に引き継がれます。

●公正証書の作り方

公正証書とは、公証人が公証した法律文書のことで、特別な意味を持っています。

特別な意味とは、原本が公証役場で保管されるため、偽造や変造されることがないということ、そして、金銭その他の代替物に関する内容であれば、約束に違反した場合には、強制執行を受けても異議を述べないという文言（強制執行認諾文言）が入っている公正証書であれば、訴訟を起こさなくても、これによってただちに強制執行をすることができることです。定期借家権は公正証書等の書面で締結しなければなりませんが、公正証書にする場合には、まず契約する内容を覚書という形で文書にしておき、その文書を公証役場に持参して、公証してもらうことになります。

公正証書を作成する場合には、次のものが必要です。

①契約者の印鑑証明
②契約者の実印

代理人に手続きを委任する場合には、委任状に実印を押印します。

③代理人に委任する場合には委任状

この場合には、代理人自身の印鑑証明書と実印も必要になります。

④契約書の内容を記載した書面（覚書）

あらかじめ契約書の内容を覚書として持参すれば簡単に手続きが終わります。

■公正証書作成手続き■

必要書類等を準備する
↓
当事者の全員が公証役場に出向く（代理人によって手続きをする場合を除く）
↓
公証人に公証する内容を伝える
↓
公正証書が作成される
↓
当事者が内容を確認し、押印する

第2章

賃貸期間中のトラブル

♧アパート、賃貸マンション・一戸建て、貸店舗・事務所の賃借人は、法律および契約内容に従って建物を使用します。

◆借家期間中のトラブルと解決手続き

★借家期間中のトラブルは速やかに解決することが大切である。

■図解25・借家期間中に起きがちなトラブル■

のトラブル

① 家賃などお金のトラブル

- 家賃の不払い（滞納）
- 契約解除
- 家賃増額請求
- 家賃減額請求
- トラブルによる家賃の供託
- 敷金・保証金・更新料・など

② 借家の譲渡・転貸などのトラブル

- 借主による借家権の無断譲渡
- 借主による借家の無断転貸
- 家主の交替
- 借主の死亡
- 地上げにあったとき
- 借家の競売

■借家契約には、借地借家法の適用があります。この借家には、一戸建てだけでなく、アパート・賃貸マンションも当然含まれます。したがって、家主と借家人の問題だけでなく、入居者同士の問題も生じます。

■借家契約では、家賃の不払い（滞納）は最も数多いトラブルの一つです。

契約の内容として定められた以上、借家人が家賃の支払いをしなければ、債務不履行責任を問われます。

■借地借家法の適用のある借家契約は、建物の貸借を目的としたもので、生活の基盤となる住居や営業用の建物の賃貸が多くあります。こうした賃貸借の建物の場合には、契約の期間が満了した場合でも、地主が契約の更新を拒絶するには、正

借家期間中

③ 借家の修繕・リフォームなどのトラブル

- 雨漏りがする
- 借主の無断増築
- 借主の無断改築
- 借主の無断リフォーム
- 冷暖房機の取付け

④ 契約違反のトラブル

- 家賃の不払い
- 無断増改築
- 使用方法（乱雑な場合など）
- 隣近所への迷惑行為
- 借家人による火災

⑤ 借家権の相続等のトラブル

- 相続人による相続
- 内縁の妻等の承継

※更新問題については➡90ページ以下参照。
契約終了時の敷金の返還などについては➡108ページ参照。

当事由（98～101ページ参照）の存在が要求されます。

■借家権も財産権の一種です。財産権であれば、他人に売ったり、貸したりはできます。しかし、借家人が家主の承諾なしに無断譲渡・転貸（又貸し）をすれば、契約違反として契約解除が問題となります（詳細74ページ参照）。一方、家主が交代することもあります。この場合、借家人に家主の交代が影響することはありません。

■以前は民法621条に賃借人の破産を契約解除理由とする規定があり、トラブルもありました。そこで平成17年4月1日施行の改正民法は、これまでの判例の見解を採用し破産を解除理由から削除しました。

1 家賃の不払い（滞納）

契約上の義務を債務者が故意・過失によって、履行しない場合には、債権者は契約解除・損害賠償請求をすることができます。これを債務不履行といいます。

家賃の不払いと債務不履行

借家契約が成立したら、借家人には家賃（賃料）を支払う義務が発生します。したがって、民法の一般原則によって、家賃の不払い（滞納）があった場合には、家主は借家契約を解除することができます。また、遅延損害金の約定があれば、損害金の請求ができます。

しかし、家賃の滞納があったからといって、わずかな滞納（たとえば1か月）があっただけで、借家契約の解除を認めると、借家人にとっては、非常に酷な結果となってしまいます。

そこで、判例は軽微な違反で家主と借家人の信頼関係が破壊されていない状況の場合には、契約解除は認められないとしています。

借家契約と信頼関係

例えば、たまたまその月の収入が少なく家賃の一部が不足した場合や支払期日が多少遅延した場合（2か月分の不払いを解除原因とする説がある）には、解除権は発生しないとされています。

しかし、判例の動向をみても、確固としたものはなく、ケース・バイ・ケースの判断によることになります。

契約解除の方法

家賃の滞納が、信頼関係を破壊するといえる程度に至っている場合であっても、その場ですぐに契約を解除することは認められません。

この場合でも、家主は相当の期間（1週間程度）を定めて、その期間内に支払えと催告をし、期間内に支払いがない場合に初めて解除が可能となります。

また、家賃の滞納を理由に契約を解除しても借家人が家屋を明け渡さない場合には、訴訟を起こして判決を得た上で、明渡しの強制執行をすることになります。

（履行遅滞による解除権）

民法第541条 当事者の一方がその債務を履行しない場合において、相手方が相当の期間を定めてその履行を催告し、その期間内に履行がないときは、相手方は契約の解除をすることができる。

■図解26・家賃の不払い（滞納）と契約解除■

◆家賃の滞納と解約手続き

家賃・管理費の滞納 ⇒ 家主の催告 ⇒ 相当期間経過 ⇒ いまだに滞納が継続 ⇒ 信頼関係の破壊 ⇒ 借家契約解除通知

家賃・管理費の滞納があった場合には、家主が一定期間内に支払うようにと催告をし、定められた期間内に支払いがない場合に初めて、借家契約を解除することができます。

ここでいう一定の期間とは借家人が滞納している家賃を調達してこれる程度の期間をいい、通常は１週間程度といわれています。

■契約解除通知書

契約解除通知書

令和○年○月○日

○○県○○市△△町□番
乙山　二郎　殿

○○県○○市□□町△番
甲野　一郎　㊞

前略　私は貴殿に対し、○○県○○市△△町□番に所在する○○アパート○号室を家賃（管理費含む）一か月金○○円とし、毎月末日限り翌月分を持参して支払うとの約定で賃貸しておりましたが、貴殿は平成○年○月○日以降の家賃を支払っておりません。この事実について、私は貴殿に対して、平成○年○月○日到達の書面をもって、前記滞納家賃を書面到達後7日以内に支払うように催告いたしましたが、現在に至るもこの支払いがありません

よって私と貴殿との間で締結された前記建物の賃貸借契約は解除させていただきます。つきましてはただちに前記建物を明け渡してください。

草々

2 家賃の増減額請求

家賃・管理費が不相当となったときは、家主あるいは借家人は増減額の請求ができます。話合いが付かないときは調停の申立てをすることになります。

■家賃の増減請求ができる場合

契約で家賃を定めた以上、本来ならその額を守らなければなりません。しかし、借地借家法は次のような事情の変更があった場合には、家賃の増減を請求できるとしています。

それは、①土地もしくは建物に対する租税その他の公課の増減、②土地もしくは建物の価格の上昇・低下その他の経済事情の変動、③近傍同種の建物の家賃と比較して不相当となった、場合です。

■当事者間で話合いが付かない場合

借地借家法では、話合いが付かない場合でも、いきなり訴訟を提起することは認めず、調停前置主義を採用しました。

■家賃が決定するまでの間の家賃の支払い

話合いや調停では、結論が出るまでは、家主は相当とされる額（近隣の相場等を考慮）の家賃を請求し続けることができ、借家人も相当とされ額の家賃を支払えばよいのです。

そして、最終的に新しい額が決定したら、額が決定するまでの間に支払われた家賃と、新たに決定した額に差額がある場合には差額分に年1割の利息を付けて互いに精算することになります。なお、一定の期間家賃の増減をしないとする特約がある場合には、増額を請求することはできませんが、この場合でも減額請求はできます。

■共益費の増減請求

共益費とは、通常、マンション等の共用部分の管理費用のことをいい、廊下、トイレなどの掃除費用、エレベーター、冷暖房などの維持管理費などがこれに該当します。

共益費の増減に関して、契約に定めがあればそれに従うことになりますが、定めがない場合には、借地借家法32条の賃料増減額請求権の規定を類推適用することになります。

（借賃増減請求権）　借地借家法第32条　建物の借賃が、土地もしくは建物に対する租税その他の負担の増減により、土地もしくは建物の価格の上昇もしくは低下その他の経済的事情の変動により、または近傍同種の建物の借賃に比較し不相当となったときは、（中略）建物の借賃の額の増減を請求できる。

■図解27・家賃の増減額請求の仕方■

★家賃が不相当となっているときは増減額の請求ができる。

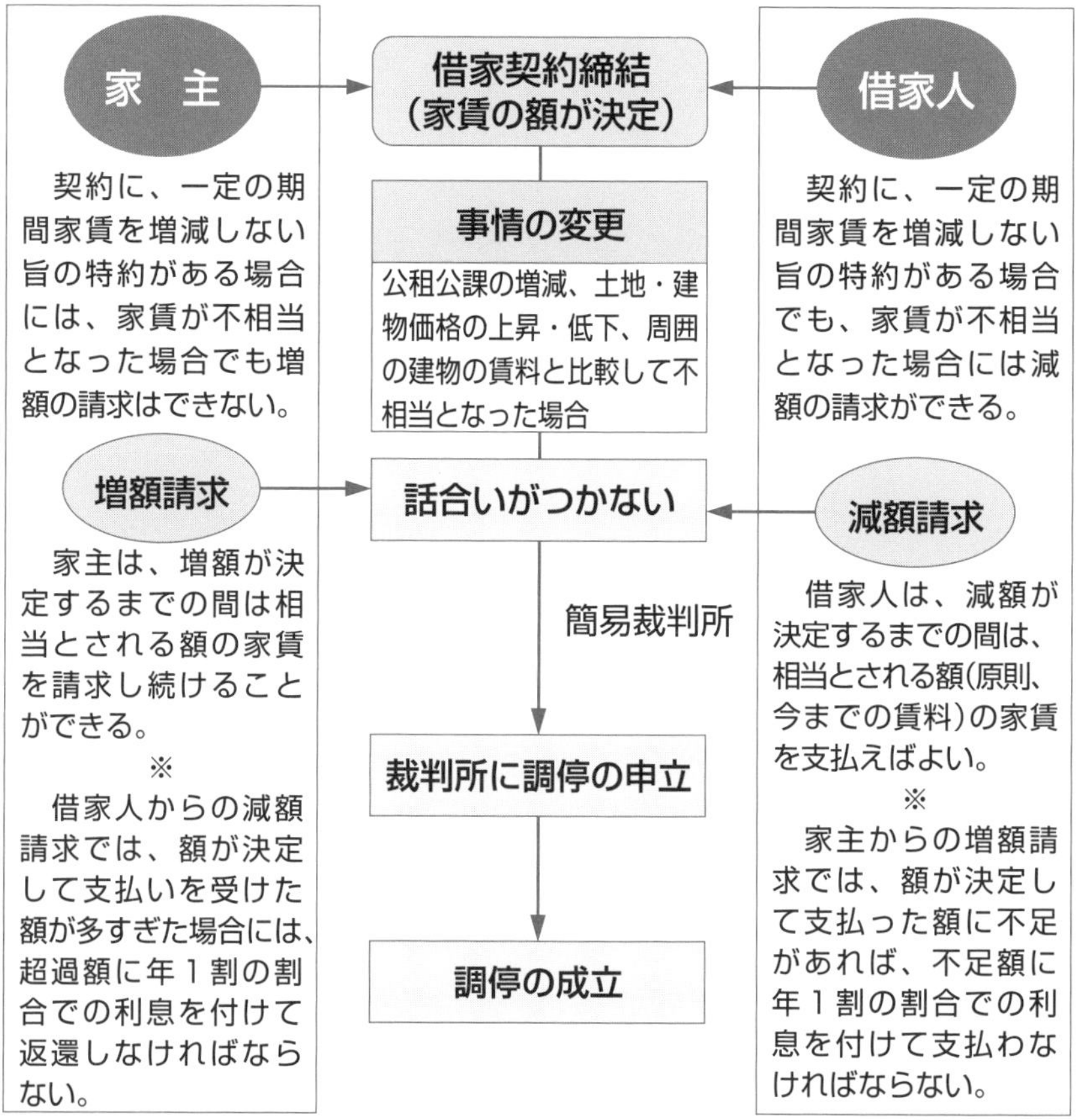

■供託■借家人が相当とされる家賃を支払おうとしても、家主が受け取らないときには、借家人は、相当とされる家賃を供託所に供託（一般的には従前の額）して、債務不履行責任を免れることができる。

★供託の仕方

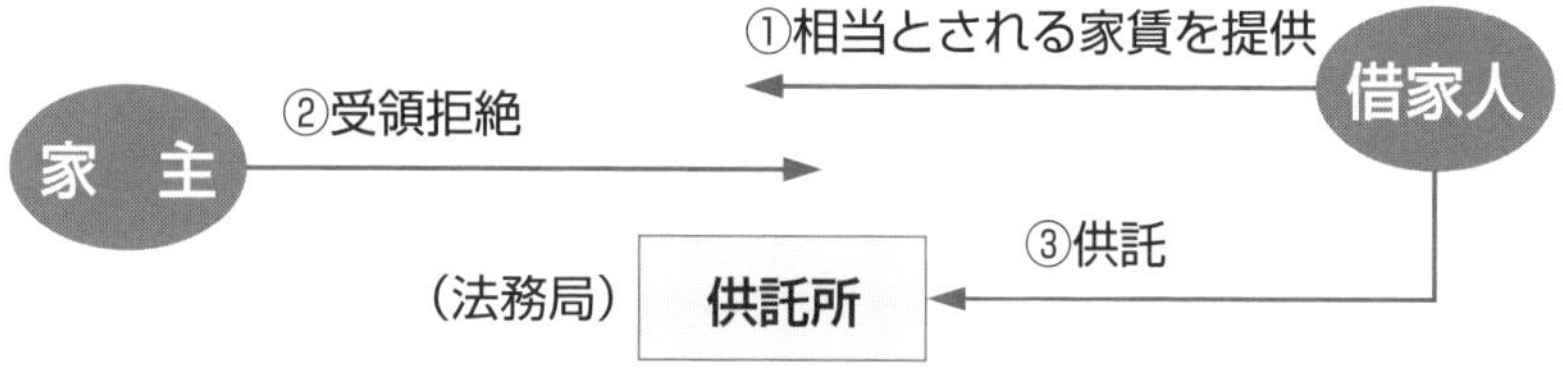

3 新しい家賃の決め方

家主の増額請求、あるいは借家人の減額請求で、その額をいくらにするかは難しい問題です。決着がつかなければ、最終的には鑑定評価に委ねることになります。

新家賃を決める話合い

家賃の増減の請求をする場合には、いくらの増減をするかを決める必要があります。家賃の増減の請求は、一般的には形成権といわれ、一方的な請求により、その効力が発生します。借家人は新家賃の支払義務があるのですが、その額に不満であれば、新家賃が決まるまで、相当と思う額の家賃を支払うか、あるいは家主が受け取らない場合に、供託（67ページ下図参照）すればよいとされています。

しかし、通常は、家賃をいくら増減額したいということで、相手方と交渉することになります。この場合、相手を納得させるためには、家賃を増減額する根拠が必要となります。

家賃の相当賃料

借地借家法では、家賃が不相当となったときは、その増減を請求できるとしています。したがって、家賃の増減の場合には、相当賃料がいくらなのかが問題となります。

家主と借家人との話合いでは、隣近所にある同程度の借家の家賃との比較が最も分かりやすく、現実的なものでしょう。こうした事情は街の不動産屋さんがよく知っていますので、事前に話を聞いておくとよいでしょう。

鑑定評価による新家賃

どうしても話合いがつかない場合、法的手段として調停の申立をすることは、前述（66ページ参照）しましたが、こうした争いとなった場合には、通常、家賃の相当額の鑑定評価をすることになります。相当家賃の算定方法には、①スライド方式、②利回り方式、③比準方式（賃貸事例比較法）、④差額配分方式、⑤倍率方式などがあります。それぞれの内容については、次ページの表を参照してください。なお、鑑定評価については、不動産鑑定士が行います。

（家賃の増減額請求事件の調停の前置）　民事調停法第24条の2①　借地借家法第11条の地代もしくは土地の借賃の額の増減の請求又は同法第32条の建物の借賃の額の増減の請求に関する事件について訴えを提起しようとする者は、まず調停の申立をしなければならない。

■図解28・家賃の相当賃料の算定法■

★家賃増額等でトラブルとなった場合、鑑定評価によることとなる。

■鑑定評価には、以下のような方式があるが、判例では、いずれかの一つの方式を採用するのではなく、事情に応じて各方式を加味しているようである。

❶ スライド方式 ⇒

●家主の収入に一定の率を掛けてスライドさせて算出。

〔算式〕（現行賃料－諸経費）×変動率＋諸経費

諸経費には、地代相当額、建物の原価償却費、修繕費など。変動率は、消費者物価指数、建物または土地価格の上昇率、固定資産税評価証明額の上昇率、家賃指数の上昇率などが用いられる。

〔問題点〕当初の家賃が不合理な場合には、是正が難しい。変動率を何によるかにより、金額が異なること。

❷ 利回り方式（積算方式） ⇒

●不動産価格を投資額とみて一定の利回りを想定して算出。

〔算式〕現行家賃＋〔借地権価格（または土地価格）＋建物価格－借家権価格）×期待利回り＋必要経費等－現行家賃〕×一定割合

期待利回りは、民事法定利率（年5％）、商事法定利率（年6％）、慣行利回りなどによるが、減額される場合が多い。

一定割合は個々の実情に応じて、$\frac{1}{2}$～$\frac{1}{3}$。

〔問題点〕修正しないと、高い額となりやすい。

❸ 比準方式 ⇒

●借家のある近隣の家賃と比較して算出。

〔算式〕現行家賃＋（近隣の家賃－現行家賃）

実務では、鑑定評価に当たって、補正や修正がなされる。

〔問題点〕賃貸借契約の個別性、あるいは借家の個別性などから、比較の対象となる借家契約を求めるのが難しい。

❹ 差額配分方式 ⇒

●適正家賃を想定し、その増加分に一定割合を掛けて算出。

〔算式〕現行家賃＋（正常家賃－現行家賃）×一定割合

正常家賃とは、自由市場で形成される適正な家賃をいう。

一定割合は個々の実情に応じて、$\frac{1}{2}$～$\frac{1}{3}$ である。

〔問題点〕正常家賃はいくらなのかの算出が難しい。

❺ 倍率方式 ⇒

●公租公課の額を基に算出。

〔算式〕（固定資産税＋都市計画税）×一定倍率

一定倍率の相場は、住宅地2～2.3、商業地2～3、高度商業地3程度。

〔問題点〕借地ではよく用いられるが、借家の場合にはあまり利用されていない。

4 借家の破損と修繕

借家に雨漏りなどの欠陥がある場合には、原則として家主に修繕義務があります。修繕は借家人がするという特約がある場合は、通常、この特約に従うことになります。

■借家の破損と家主の修繕義務

家主は借家を住居・店舗・事務所等の使用目的に従って、日常使用できるようにして借家人に貸す義務があり、欠陥がある場合には、必要な修繕をしなければなりません。

具体的に、どういう場合に修繕義務があるかといえば、雨漏り、外壁の破損、畳・建具の破損、窓の欠陥などで、普通に建物を使用するのに支障をきたす場合です。

このような破損は、地震などの災害であろうと借家人の不始末による場合とを問いません。ただし、借家人の不始末の場合には、その不始末を理由に損害賠償の請求がなされることになります。

■借家人が修繕義務を負う場合

契約書に「修繕は借家人がする」などの特約がある場合があります。こうした特約は有効で、修理義務は借家人にあることになります。しかし、台風で借家の大部分が破損したというような場合にまで、修理義務はないとされています（判例）。というのは、こうした特約では、普通に使用する場合の破損が前提であり、台風などによる大損害まで考えてはおらず、原則に戻ることになるからです。

■低家賃の場合

修繕義務は家賃と無関係ではありません。家賃には、修繕費も含まれると考えられており、近隣の家賃に比較してあまりに低家賃で修繕費も出ないというような場合には、家主には修繕義務はないとされています。

■家主が修繕をしないとき

家主が修繕をしないときには、借家人には以下の2つの対抗法があります。

①借家人が修繕して、その費用を家主に請求。
②建物を利用できない割合に応じて、家賃の一部または全額の支払いを拒む。

（賃貸物の修繕等）

民法第606条　①賃貸人は、賃貸物の使用及び収益に必要な修繕をする義務を負う。
②賃貸人が、賃貸物の保存に必要な行為をしようとするときは、賃借人はこれを拒むことができない。

■図解29・借家の修繕と家主・借家人の義務■

★家主には、建物を日常使用できるようにして提供する義務がある。

①修繕義務と費用の負担

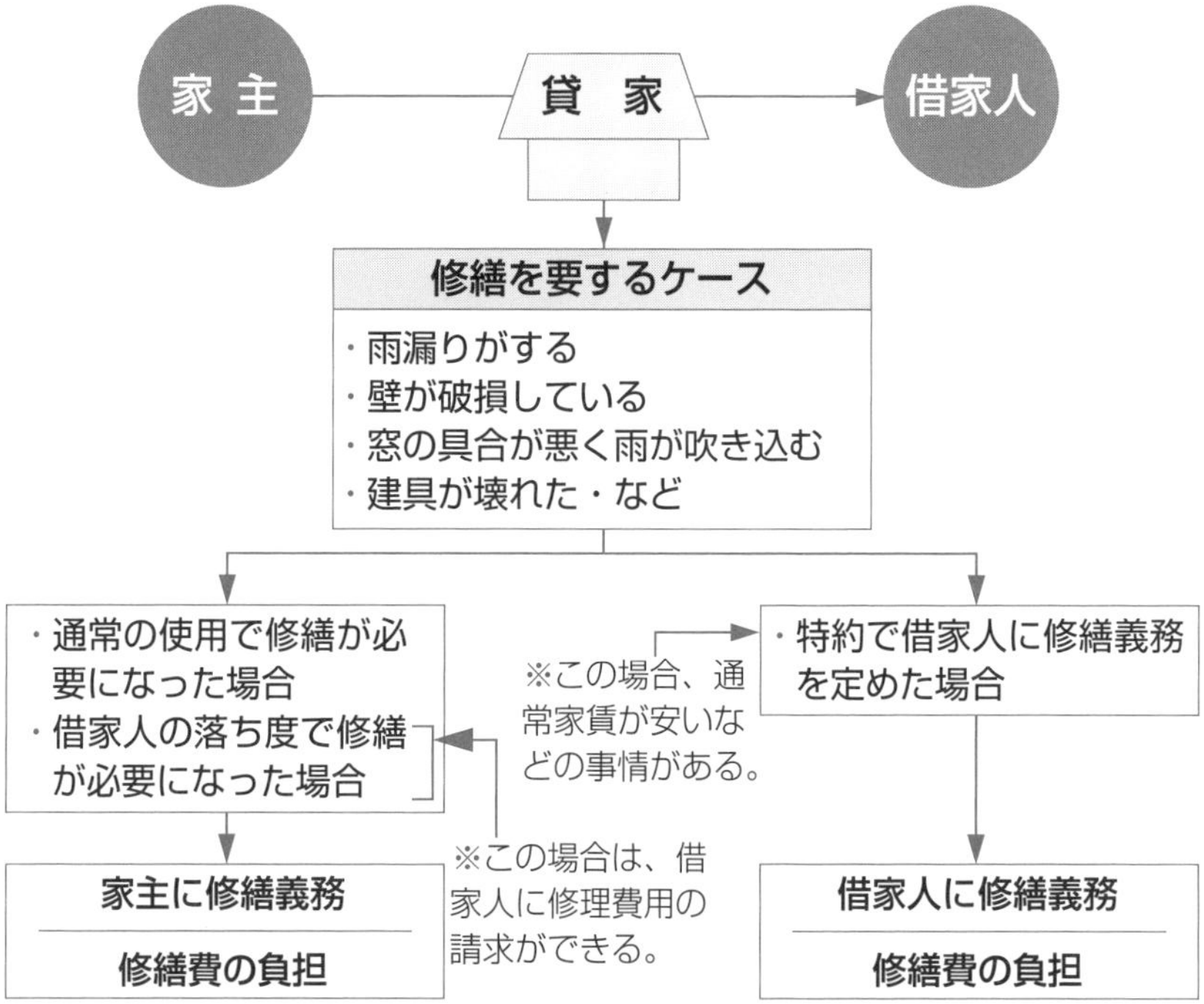

〔例外〕特別な事情がある場合は，家主に修繕義務はない。
※家賃が近隣に比べて格別に安い場合。
※壊れている部分の修理が不可能あるいはそれに近い状態で、全体を修理しなければならず、家賃に比べてあまりにも過大な出費となる場合。

②家主が修繕をしないとき借家人の対抗法

（1）家主に代わって修繕

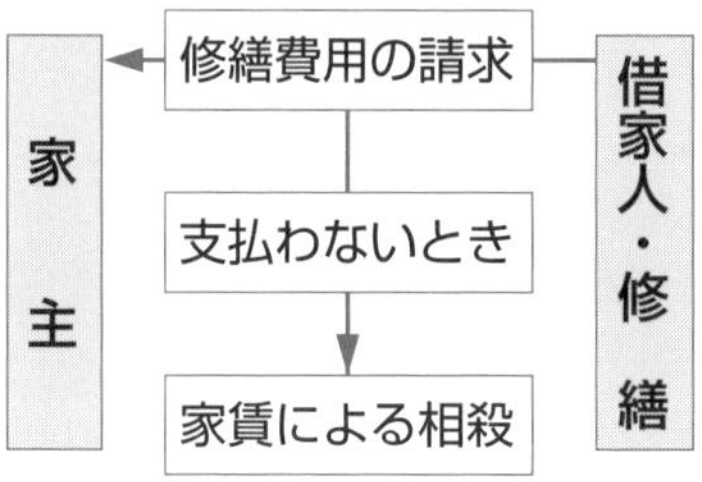

（2）家賃の減額の請求

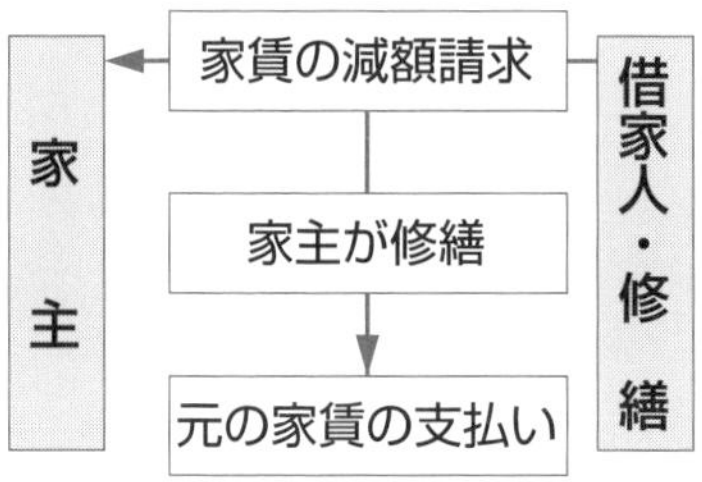

5 建物の滅失・朽廃と借家権

建物（借家）が滅失・朽廃により、消滅したときには、その理由や責任が誰にあるかに関係なく契約は終了します。ただし、滅失の原因如何によっては損害賠償請求ができます。

●**建物の朽廃**　朽廃とは、人工的にではなく、自然的な腐蝕状態によって社会的経済的効用を失った場合をいいます。具体的には建物の土台や柱などが破損し、壁等が剥落し、材料が腐蝕している場合にはその程度のいかんによっては朽廃となるとした判例があります。

●**建物の滅失**　朽廃とは異なり、地震や風水害などの天災や改築のための取り壊しや火災のような人為的なものをいいます。

■**建物の消失と借家契約の終了**

借地借家法には、借家の朽廃・滅失の場合についての規定はありません。しかし、この場合、借家契約は終了することになります。

判例によれば、「賃貸借の目的たる建物が朽廃しその効用を失った場合は、目的物滅失の場合と同様に賃貸借の趣旨は達成されなくなるから、これによって賃貸借契約は当然に終了するのを相当とする」（最高裁昭和32年12月3日）としています。要するに、貸した目的物（建物）がなくなったのだから、契約は終わり、ということなのです。

■**火災による借家の消滅**

借家人の過失で借家が消滅しても重過失でないかぎり、不法行為による損害賠償責任を負うことはありません（失火ノ責任ニ関スル法律）。したがって、隣近所へ被害を与えたとしても賠償する必要はないのです。しかし、家主に対しては、契約が終了した場合に家屋を返還する義務がありますので、債務不履行として損害賠償責任があるとされています。

なお、バブル全盛期には、借家権を消滅させるために、放火やトラックを建物に突っ込ませるという建造物損壊事件（刑法260条）がありました。こうして建物が消滅した場合、借家人は事件を起こした相手に対して不法行為に基づく損害賠償請求ができます。

（債務不履行による損害賠償）　民法第415条　債務者がその債務の本旨に従った履行をしないとき又は債務の履行が不能であるときは、債権者は、これによって生じた損害の賠償を請求することができる。ただし、その債務の不履行が契約その他の債務の発生原因及び取引上の社会通念に照らして債務者の責めに帰することができない事由によるものであるときは、この限りでない。

■図解30・建物が朽廃・滅失したときはどうなるか■

★建物が朽廃・滅失した場合は借家権は消滅する。

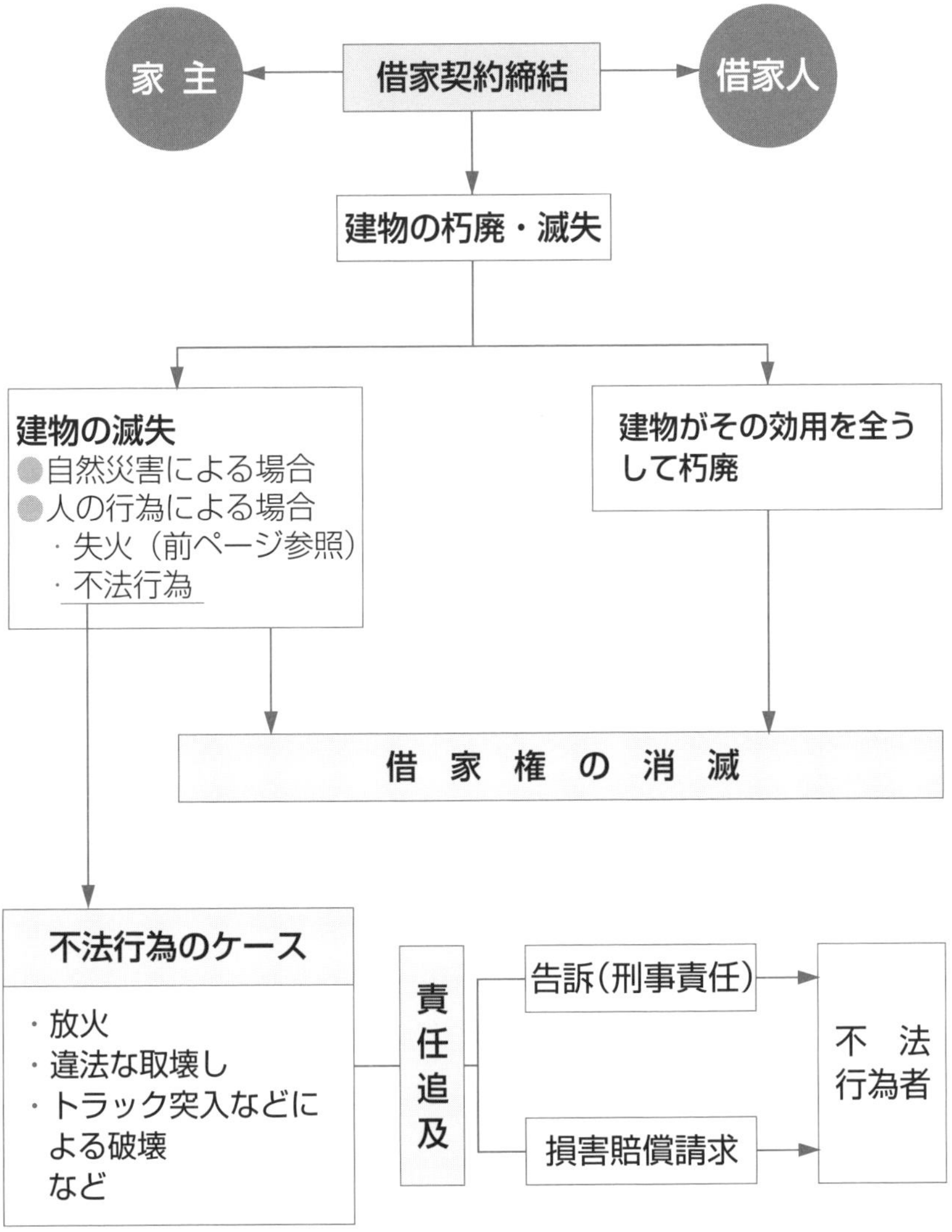

※悪質地上げなどでは、借家権を消滅させるために、こうした事件があった。

6 借家権の無断譲渡・転貸

借家権（賃借権）の譲渡・転貸には家主の承諾が必要です。無断で譲渡・転貸をすると、家主から借家契約を解約される場合があります。

●借家権の譲渡　借家権者（借家人）が借家を第三者に譲り渡すことです。

●借家の転貸　借家権者（借家人）が借家を第三者に賃貸することです。

■借家権の譲渡・転貸と家主の承諾

借地借家法には、借家権の譲渡転貸についての規定はなく、民法の原則に従うことになります。民法では、借家権の譲渡や転貸をするには家主の承諾が必要であり、家主の承諾なしに借家権を譲渡したり転貸した場合には、借家契約の解除理由となります。しかし、判例は、借家権の無断譲渡や転貸があった場合でも、「背信的行為と認めるに足りない（家主と借家人の信頼関係が破壊されていない）」場合には解除権は発生しないとしています。

■居住用建物の無断譲渡・転貸の場合

一般的には契約解除の原因となります。ただし、判例では、借家人が親族を同居（転貸）させる場合、あるいは内縁関係の解消に伴い譲渡・転貸が生じた場合には、契約解除は認められないとしています。しかし、この場合でも、借家人が転居するなどして独立した使用収益関係となった場合や、間貸しについて多額の権利金や高額の家賃を取るような場合には、借家契約の解除ができるとしています。

■営業用建物の無断譲渡・転貸の場合

この場合も、一般的には契約解除の原因となります。しかし、個人の事業所として建物を借りていたが会社組織にしたという場合には、借主に実質的な変更がないことから、契約解除は認めないとする判例があります。

一方、経営者（借家人）が交替し、経営の実権が第三者に移転し、実質はその者に賃借権が譲渡されている場合は、判例は分かれていますが、信頼関係が破壊されたとして契約解除が認められたケースが多いようです。

（賃借権の譲渡及び転貸の制限）　民法第612条　①賃借人は、賃貸人の承諾を得なければ、その賃借権を譲り渡し、又は賃借物を転貸することができない。②賃借人が前項の規定に違反して第三者に賃借物の使用又は収益をさせたときは、賃貸人は、契約の解除をすることができる。

■図解31・借家権の無断譲渡・転貸と契約解除■

★家主に承諾なく借家権の譲渡・転貸をすれば、通常は契約解除の原因となる。

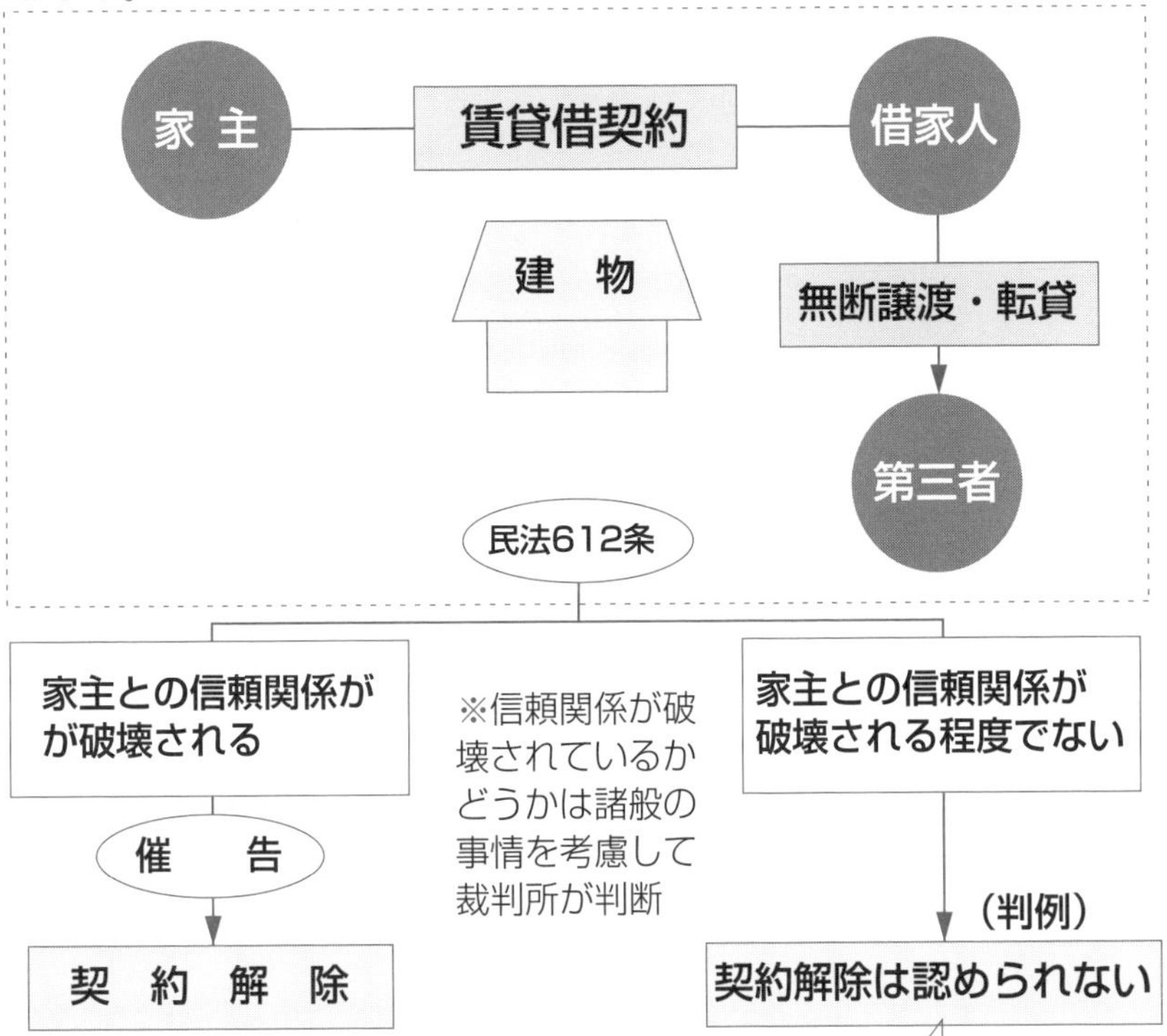

■契約解除を認めないとした判例
（1）内縁の夫が借主で、内縁解消後も内妻が引き続き住んでいる場合
（2）兄弟姉妹やその配偶者が一時同居する場合
（3）個人事業で借りていたが会社組織にした場合・など

〔譲渡・転貸の家主の承諾と名義書換料〕 借家の譲渡・転貸は、家主が承諾しないかぎりできず、家主の承諾がある場合に限って可能。この場合、名義書換料の支払いを条件に、譲渡・転貸の承諾がなされる場合がある。名義書換料の相場はないが、譲渡・転貸代金の1割～2割程度が通例のようである。

〔譲渡権利付賃借権〕 賃貸借契約書に、賃借人（借家人）が賃貸人（家主）に一定の承諾料を支払えば、賃借人の地位を第三者に譲渡することができる旨の特約をしている場合、一定の承諾料を支払うことが、譲渡の要件だから、賃借人が承諾料を支払いさえすれば賃借人が賃借権を自由に譲渡することができる。

7 借家の無断増改築・リフォーム

家主に無断で増改築をすると保管義務違反として債務不履行となり、契約を解除されることがあります。

●**増築**　既存の建物に建物部分を追加するか、別個の建物を追加すること。

●**改築**　建物本体を変更すること（屋根全体の葺き替え、壁の撤去、建物の移動など）。

●**模様替え**　小規模で原状回復することが容易な改装。

■借家の増改築の原則

借家の場合には、建物の所有権は家主にあり、借家人がこの建物を家主に無断で増改築することは保管義務違反あるいは用法義務違反として債務不履行となります。無断で増改築を行った場合には、原則として借家契約の解除が認められます。

しかし、借家人のこうした違反行為が、家主に対する信頼関係を破壊する程度ではないと認められたときには、契約の解除は許されません（判例）。

なお、単なる模様替え（壁紙の張り替えや壁の塗り直し・など）では契約解除の原因とはなりませんが、模様替えと言いながら、実際は増改築の場合などでは問題となります。

■解除が認められたケース

家主との信頼関係が破壊された場合です。判例では、無断増改築が建物の構造を変更する大規模なものである場合、あるいは、家主が増改築を何度となく制止したにもかかわらず強行した場合、などのときに契約解除を認めています。

■解除が認められなかったケース

家主との信頼関係が破壊される程度でない場合です。判例では、行政当局から汲み取り式の便所を水洗便所にするように指導を受けたが、家主が水洗便所にしないために借家人が改造した事例、内装が古くなり（14年経過）内装工事を行った（同時にバーから洋装店に営業の変更）をした事例などがあります。

（特定物の引渡しの場合の注意義務）

民法第400条　債権の目的が特定物の引渡しであるときは、債務者は、その引渡しをするまで、契約その他の債権の発生原因及び取引上の社会通念に照らして定まる善良な管理者の注意をもって、その物を保存しなければならない。

■図解32・借家の無断増改築・模様替えと契約解除■

★信頼関係が破壊されたかどうかによって契約解除ができるかどうかが決まる。

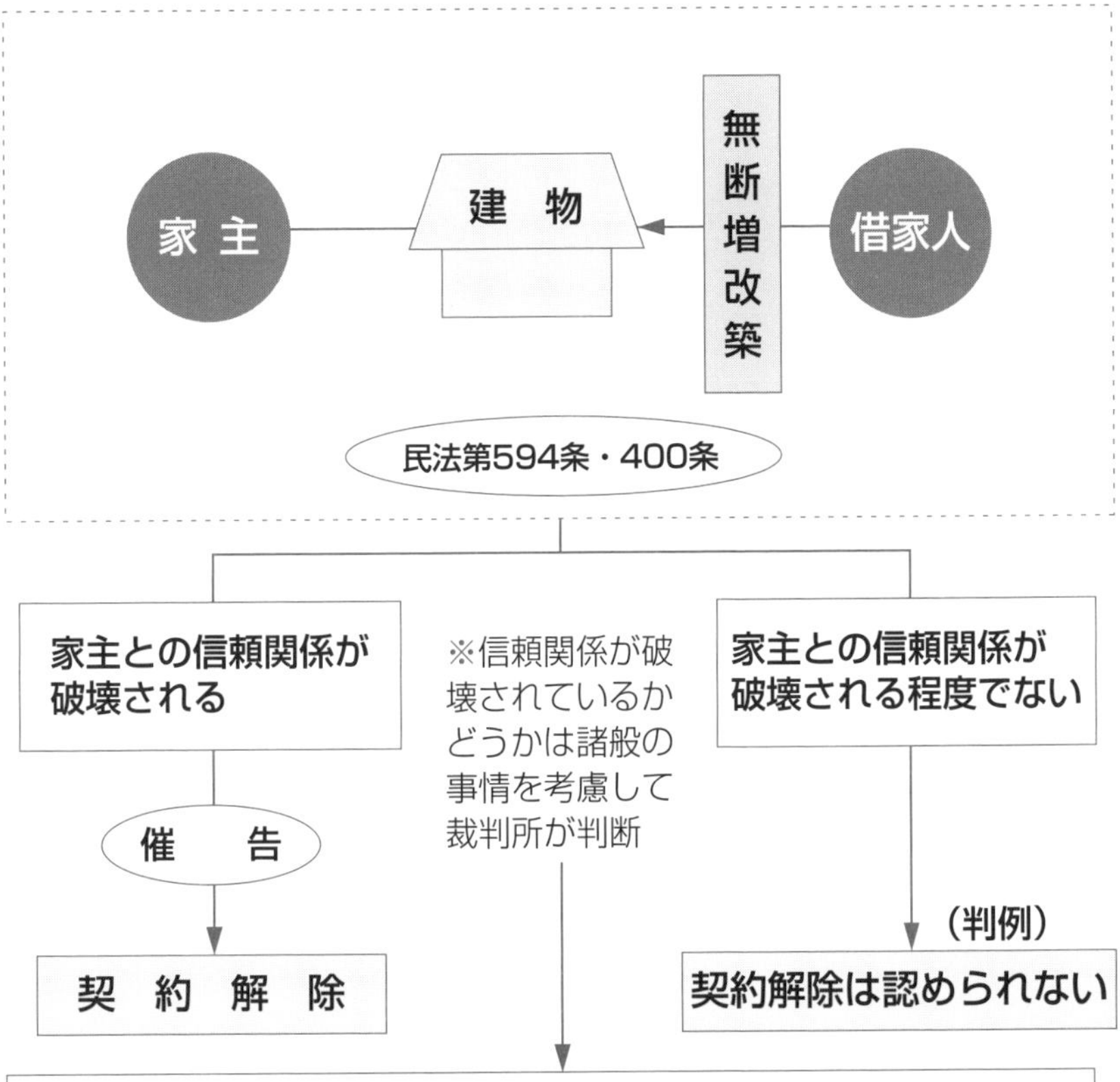

■契約解除の可否の要件

（1）増改築の必要性の大小
（2）増改築の規模の程度
（3）従前の経緯
（4）家主の制止を無視したなどの事情

こうした諸般の事情を考慮する

〔増改築の許可と承諾料〕 借家の増改築には家主の承諾が必要で、無断増改築をすると債務不履行で契約解除の原因となる。家主の承諾に際して、授受されるお金を承諾料というが、通常、家主は増改築の許可はしないのが実情のようである。

〔工事禁止の仮処分〕 家主の制止にもかかわらず、借家人が増改築工事を進めている場合には、裁判所に工事禁止の仮処分の申立をして増改築を中止させることができる。

8 使用目的違反と債務不履行

建物を借りる目的は主として居住用か営業用です。こうした借りる目的を変更して使用した場合には使用目的違反となり、契約解除できるかが問題となります。

契約違反となる場合

借家などの賃貸借契約においては、賃借人は契約または目的物の性質によって定まった用法に従って使用収益しなければなりません。したがって、建物の使用目的は契約または建物の性質によって決まることになります。

居住用に賃貸したのにその建物で営業している、職種を限定して賃貸したのに職種の変更をしたなどの場合に問題となります。

こうした使用目的に違反した場合、借家契約を解除できるかどうかが問題です。

使用目的の変更と契約解除

使用目的違反で契約解除ができるかどうかは、借家人と家主の間の信頼関係が破綻しているかどうかが判断基準となります。

信頼関係が破綻しているかどうかは、①特約の有無、②従前の経緯、③家主の制止の有無、④家主・借家人の事情、などを総合的に判断してなされます。

(1)居住用から営業用への変更　一般的には、契約の目的違反となるが、その程度・対応によって契約解除が肯定・否定された例がある。

(2)営業用から居住用への変更　その程度・対応によって肯定・否定された例がある。

(3)営業用家屋で営業内容を変更した場合　営業内容の変更禁止あるいは家主の許可を必要とする特約がない場合には、原則として解除権は発生しない。特約がある場合には、解除権を肯定・否定した例がある。特約に合理性があり、解除の必要がある場合には、解除が認められるようである。

家屋の使用が汚いなどの場合

家屋の汚損・損傷が著しい場合で、注意しても改めないときには、契約解除ができます。家屋の通常使用による汚損の場合には、当然、契約解除や賠償請求は認められません。

（借主による使用及び収益）

民法第594条　①借主は、契約又はその目的物の性質によって定まった用法に従い、その物の使用及び収益をしなければならない。

■図解33・使用目的違反で契約解除できるか■

★信頼関係が破壊されれば、使用目的違反を理由に契約を解除できる。

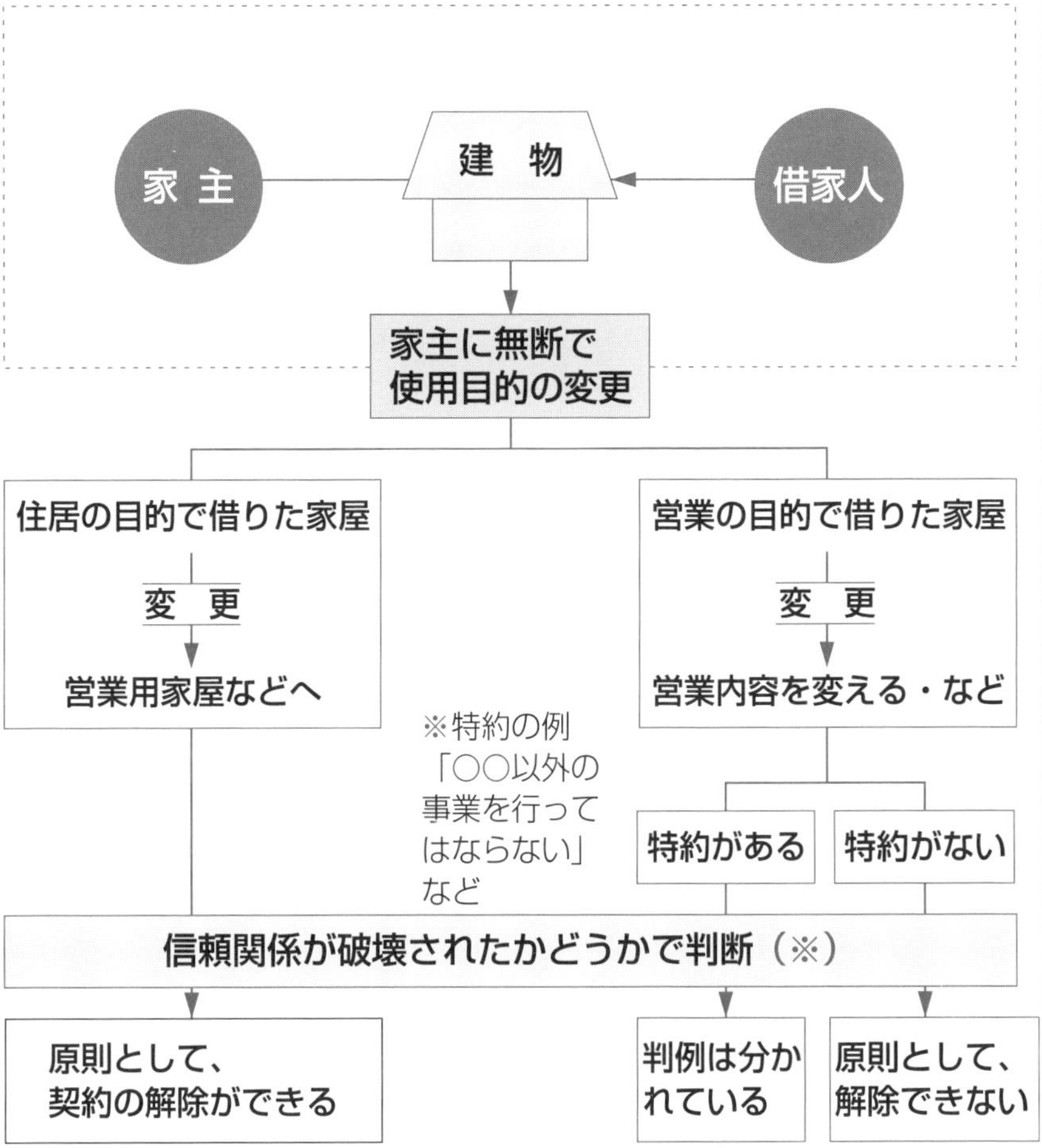

※その程度（一部か全部か）、態様（どういう目的への変更か）などが判断基準となる。

※特約に合理性があって、解除の必要性が高い場合には、肯定されるようである。

〔※信頼関係〕借家などの貸借関係においては、貸主と借主の信頼関係が契約の基になっていると考えられている。したがって、この信頼関係が破壊されれば、契約解除ができることになる。ただし、信頼関係が破壊されているかどうかの判断は難しく、実務上は、契約違反の程度、今までの経緯、家主・借家人の事情などを総合的に判断して、その有無が決められる。

9 借家人の近隣妨害等と契約解除

近隣妨害と呼ばれるものには、①ペット飼育、②騒音、③借家人の暴力などがあり、最終的には契約解除できるかどうかが問題となる。

近隣妨害とは

アパートや賃貸マンションは、賃借人の共同生活であり、近隣住民に迷惑をかけないことも大切です。

こうしたことから、賃貸借契約書で「ペット禁止」や「ピアノ・ステレオ等の音で迷惑をかけない」などの迷惑行為の禁止の特約を結ぶケースが多くあります。

近隣妨害の禁止特約と契約解除

こうした特約は原則として有効で、家主は違反があった場合には、特約違反を理由に契約を解除することができます。ただし、違反の程度が軽微な場合には、契約解除が認められない場合もあります。

特約がない場合

前記特約がない場合はどうなるでしょうか。特約がないからといって、こうした近隣妨害が許されるわけではありません。

建物などの賃貸借では、賃貸借契約に基づく信義則上から、当事者に当然要求される義務があります。この義務に違反し、信頼関係が破壊された場合には、契約を解除できることになります。

どういうケースで契約解除ができるかについては、ケース・バイ、ケースであり、結局は判例を分析するしかないでしょう（次ページ図参照）。

借家人が他の借家人を追い出せるか

借家人は建物を賃借しているだけです。したがって、隣の借家人に暴力を振るわれたとしても、その借家人に対して、出ていくようにいう権利はありません。こうした問題が生じた場合には家主と交渉することになります。家主は、苦情が出れば、対応せざるをえないからです。

（民法の基本原理）

民法第１条　①私権は、公共の福祉に適合しなければならない。
②権利の行使および義務の履行は、信義に従い誠実に行わなければならない。
③権利の濫用は、これを許さない。

■図解34・借家人が近隣妨害等をしている場合■

★近隣妨害等とは、借家人による隣近所への迷惑行為などである。

近隣妨害等

❶ペットの飼育	❷騒　音	❸暴行・嫌がらせ	❹借家人の言動	❺暴力行為の危険性
●犬・猫・その他の動物などによる近隣迷惑	●テレビ・ラジオ・ステレオ・ピアノなどの騒音による近隣迷惑	●近隣の人への暴力行為・嫌がらせ・など	●家主や近隣住民への虚言・など	●暴力団のマンション利用・など
●「ペット飼育禁止」の特約があれば、契約違反で契約を解除できる。 ●特約がない場合でも、賃貸借契約に基づく信義則上の義務違反で、信頼関係が破壊されれば、契約解除ができる。	●「迷惑行為禁止」の特約があれば、契約違反で契約を解除できる。 ●特約がない場合でも、賃貸借契約に基づく信義則上の義務違反で、信頼関係が破壊されれば、契約解除ができる。	●賃貸借契約に基づく信義則上、当然に要求される義務に違反し、信頼関係が破壊されれば、契約解除ができる。	●借家人の言動が信頼関係を破壊した場合には、契約解除ができる。 〔例〕 ・借家人が借家を自分の物と主張。 ・各部屋に水道があるのにもかかわらずことさらに共同水道（家主負担）を使用。	●暴力団の借家については、契約の解除・明渡しが認められている。 ●暴力団の事務所あるいは暴力団が経営する事業所として使用することを隠して借りた場合でも契約解除が認められている。

〔注〕近隣妨害等の程度に応じて、信頼関係が破壊されていると認められる場合には、契約が解除される。

〔信義則〕「権利の行使および義務の履行は、信義に従い誠実に行わなければならない」という民法の原則（民法第1条2項）。

10 借家権と貸家の相続

人の死亡によって相続は開始します。現金、預金、株式、負債、不動産の他、借地権などの権利や、賃貸人としての法的地位も相続財産に含まれます。

■借家権の相続

借家契約の途中で、借家人が死亡した場合には、借家人の相続人が借家権を相続することになります。実際には、相続人が数人いる場合には遺産分割協議で借家権の相続人を決めて家主に通知することになります。

家主はこのような場合、借家権が借家人から相続人に譲渡されるとして、承諾料を請求したり、名義の書換えが必要だとして名義書換料の名目で金銭の支払いを要求したりすることがあります。しかし、相続によって借家権が移転する場合には譲渡とはいえず、地主の承諾や、名義書換料の請求は認められません。

■同居の内縁の妻や養子の保護

借地借家法は同居していた事実上の夫婦（内縁関係）や事実上の養親子の借家権（居住用に限る）の承継を認めています。ただし、この規定が適用されるのは、相続人がいない場合だけです。したがって、現行規定では、相続人が他にいる場合には、借家権を承継することはありません。

こうした問題を解決するために、「借地借家法改正要綱試案」（平成元年法務省公表）では、相続人がいる場合でも事実上の妻および養親子について、借家権が承継できる内容となっていますが、現在のところ改正はなされていません。

■家主の地位の相続

家主が死亡して、貸家が相続人に相続された場合には、家主としての法的地位も相続人に相続されます。したがって家主の相続人は、家賃を借家人に請求することができます。

なお、家主の地位の相続は、権利の相続だけでなく、義務も相続します。したがって契約が終了したような場合には、敷金の返還義務なども相続します。

（居住用建物の賃借権の承継）　借地借家法第 36 条　居住の用に供する建物の賃借人が相続人なしに死亡した場合において、その当時婚姻または縁組の届出をしていないが、建物の賃借人と事実上夫婦または養親子と同様の関係にあった同居者は、建物の賃借人の権利義務を承継する。（以下略）

■図解35・借家権の相続■

★借家人が死亡すれば借家権は相続される。

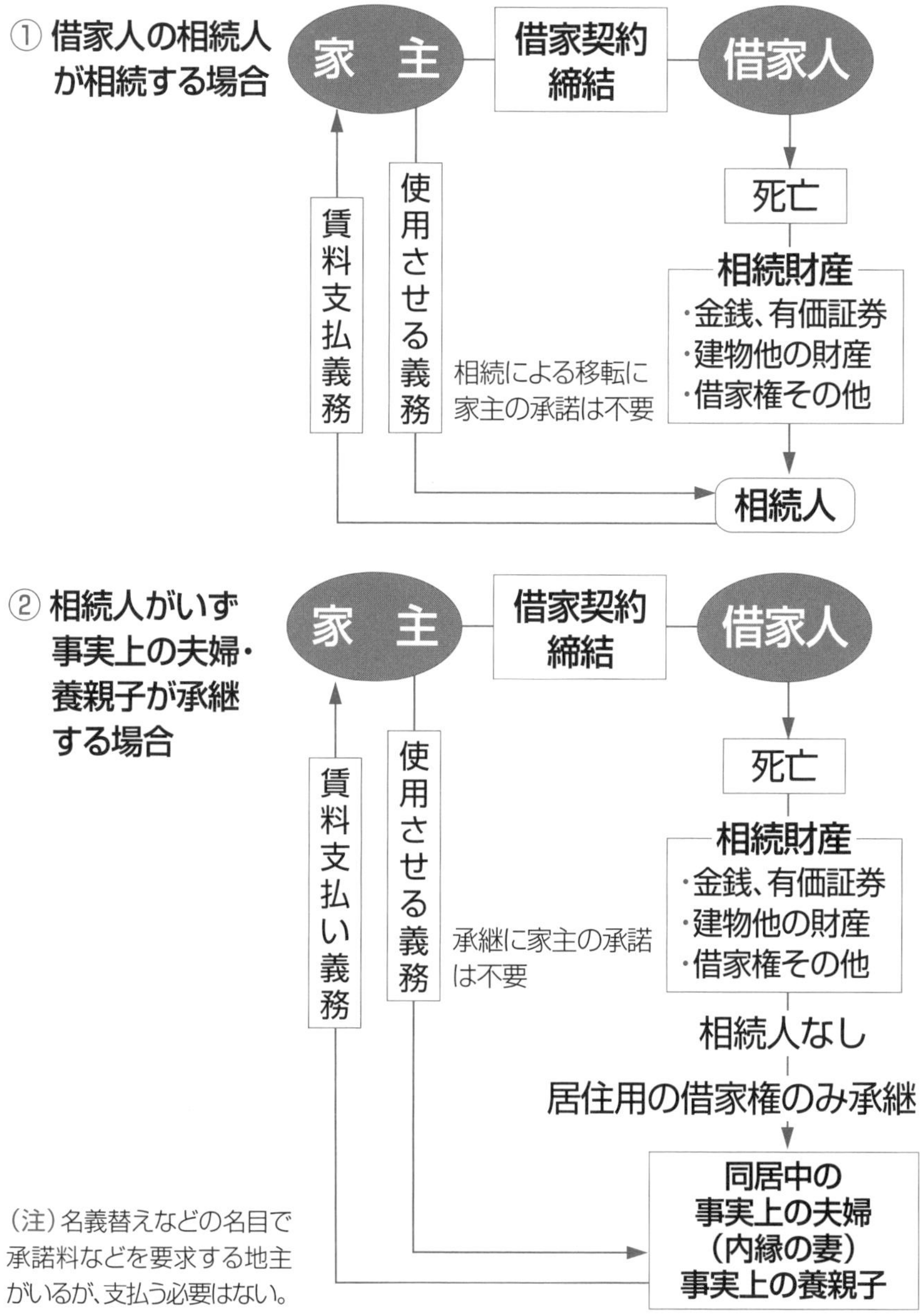

11 借家期間中のその他のトラブル

建物の賃貸借では特約の規定などをめぐりトラブルとなることがあります。

ここでは、起こりがちなトラブルについて解説します。

特約をめぐるトラブル

賃貸借契約をする場合に、契約書などで特に定めた条項を特約と言います。契約の内容は、お互いの合意によって定まりますが、借家人に知識がないために、貸主に有利な契約となっている場合もあります。

こうした、特約は、従来から有効あるいは無効をめぐって争いとなったケースが多々あります。

特約の有効あるいは無効は、借地借家法などの法規に違反しないかどうか、あるいはその特約に合理的な理由があるかどうか（その特約を定めたことがもっともであるという理由が必要）が判断の基準となります。法令違反あるいは合理的理由がない場合には、その特約は無効ということになります。

問題になりそうだったら事前に家主に話しておくこと

借家契約は、通常、長期間続くものです。したがって、その間には、部屋の改築をしたい、造作をつけたいなど、さまざまな問題が生じます。

こうした場合、家主に事前に話して了解を取り付けておくことが大切です。そうしておかないと、事後に契約違反だとして、明渡しを求められることにもなりかねません。

隣近所との問題

アパートや賃貸マンションでは、隣近所とのトラブルも多くあります。

こうした場合、その建物の全体を管理するのは家主であり、家主に依頼された管理者（管理会社）ですので、問題があればこうした人に相談することです。

入居者同士の個人と個人の問題にするよりも、建物全体の管理という視点を持つことが大切です。

（個々の争いの解決法はさまざま）

借家に関するトラブルは借地借家法のみで解決できるというものではありません。多くの法令がからみます。借家は家という重要な生活基盤の問題でもあります。こじれる前に、専門家に相談するなどの早めの対処が必要です。

■図解36・借家で起こりがちな問題■

★こじれる前に早めの解決を…。

問題	解決
❶子どもができたら出ていってくれと言われた	●子どもができたことを理由に借家契約の解除はできない。また、契約書に同趣旨の特約があったとしても、公序良俗に反することになり無効となる。
❷男子禁制なのに男子が出入りしている	●通常のアパートなどでこうした制約は無効となると思われる。ただし、女子大の寮などの場合で、その制約が居住者間の共同生活を維持する観点からみて合理的理由がある場合には有効と思われる。
❸借りている建物の周囲の敷地を使いたいが	●一般の借家の場合、借家人は賃借建物を本来の目的に従って使用するほか、常識上当然とされる必要な範囲において敷地も利用できる。
❹借りていた建物が競売された	●抵当権が設定される前に賃借した場合は、そのまま使用できる。抵当権設定後に賃借し競売手続き開始前から使用していた賃借人は競落人買受時から6カ月間明渡の猶予を与えられる。なお、抵当権者の同意を得れば使用継続可能。
❺不注意で借家人が火事を出した	●借家が全焼であれば借家権は消滅する。ボヤ程度で修理が可能な場合には、借家権は消滅しないが、注意義務を著しく怠ったとして、契約を解除される場合もあり得る。なお、全焼の場合もボヤの場合も家主に対しては債務不履行により損害賠償義務が発生する。
❻新しい家主が出ていけと脅す	●家主の側に正当事由がなければ、解約できないので出ていく必要はない。場合によっては、損害賠償（慰謝料）の請求ができる。
❼借家人が家財道具を残して蒸発	●遺留品に価値がなく、捨てていったと思われる時には処分はしてよい。ただし、勝手に捨てていったと決め込むことは禁物で、後に本人が出てきてトラブルとなる可能性もある。法的処置としては、適当な場所に保管し、動産の競売申立をして、その収入から滞納賃料や保存費を差し引き、残りは供託するということになる。手続きは煩雑である。
❽天井からの漏水で部屋が水浸しになった	●上階の人の不注意（過失）により漏水したのであればその住人に、また、建物に問題（排水管の詰まりなど）があった場合には、家主に損害賠償の請求ができる。建物に問題がある場合、当然、家主に修理の請求もできる。
❾留守中に家主が室内に入ったが	●勝手に部屋に入ることは家主といえどもできず、住居侵入罪に該当する。ただし、ガス漏れがしているときなど緊急の場合は、室内に立入り適切な処置をすることができる。
❿毎晩、隣室のマージャンの騒音に悩まされている	●家主に苦情を言うこと。家主は騒音を出す借家人に注意し、それでも改めないときは、違反の程度によっては契約解除ができる。
⓫共同の水道で洗車する人がいる	●管理規約で定めがない場合には、洗車する借家人の責任を追及することは難しい。新たに、洗車に関する規定を盛り込んだ規約（水道料の負担）を作成するとよい。
⓬釘やビョウを打つことを禁止する特約は有効か	●釘やビョウを打つことを禁止する特約には、建物を大切にする、以後の賃借人に不愉快な思いをさせない等の合理的な理由があり有効。ただし、違反したからといって、それだけで契約の解除は無理。

●内容証明郵便の出し方

家主が借家人に対して、滞納している家賃を支払えと催告する場合や、家賃滞納や用法違反などによって借家契約を解除する場合には配達証明付きの内容証明郵便を利用します。また、借家人の側からも重要な主張をするときは内容証明郵便を利用します。

内容証明郵便とは、誰が、何時、誰に対してどのような内容の文書を出したかを、郵便局が証明してくれる制度です。

しかし、単なる内容証明郵便では、相手方が受け取りを拒否したり、受け取っていないと主張した場合には、確実に配達したことが証明できません。そこで、内容証明郵便を発送する際には、必ず配達証明付きにするようにしてください。

内容証明郵便は、特に文書の用紙が決められているわけではありません。しかし、一行に書くことができる文字数や行数が次のように定められており、これに従わなければ拒否されます。

■内容証明郵便の手続き■

定められた字数で同じものを3通作成。各通が複数枚になるときは割印をする。

↓

郵便局の窓口に3通とも提出

↓

郵便局で形式をチェックする

↓

宛て名、差出人の住所・氏名を記入した封筒に入れて係員に渡す。

※内容証明郵便の料金は、通常の郵便料金と書留料金に加えて1枚に付き440円で、1枚追加するごとにこれに260円が加わります。また配達証明にする場合には、320円が別途必要です。

◆縦書きの場合
1行20字以内、1枚26行以内
◆横書きの場合
1行20字以内、1枚26行以内
または1行26字以内、1枚20行以内

第3章

賃貸契約の更新・終了

♧アパート・マンション・一戸建てなどの賃貸借の場合は、賃貸人の一方的な都合で契約解除はできません。

◆契約期間の満了と更新・終了

★普通借家権では、家主に正当事由がないかぎり、借家人が更新を希望すれば借家契約は更新される。

■図解37・借家期間が満了するとどうなるか■

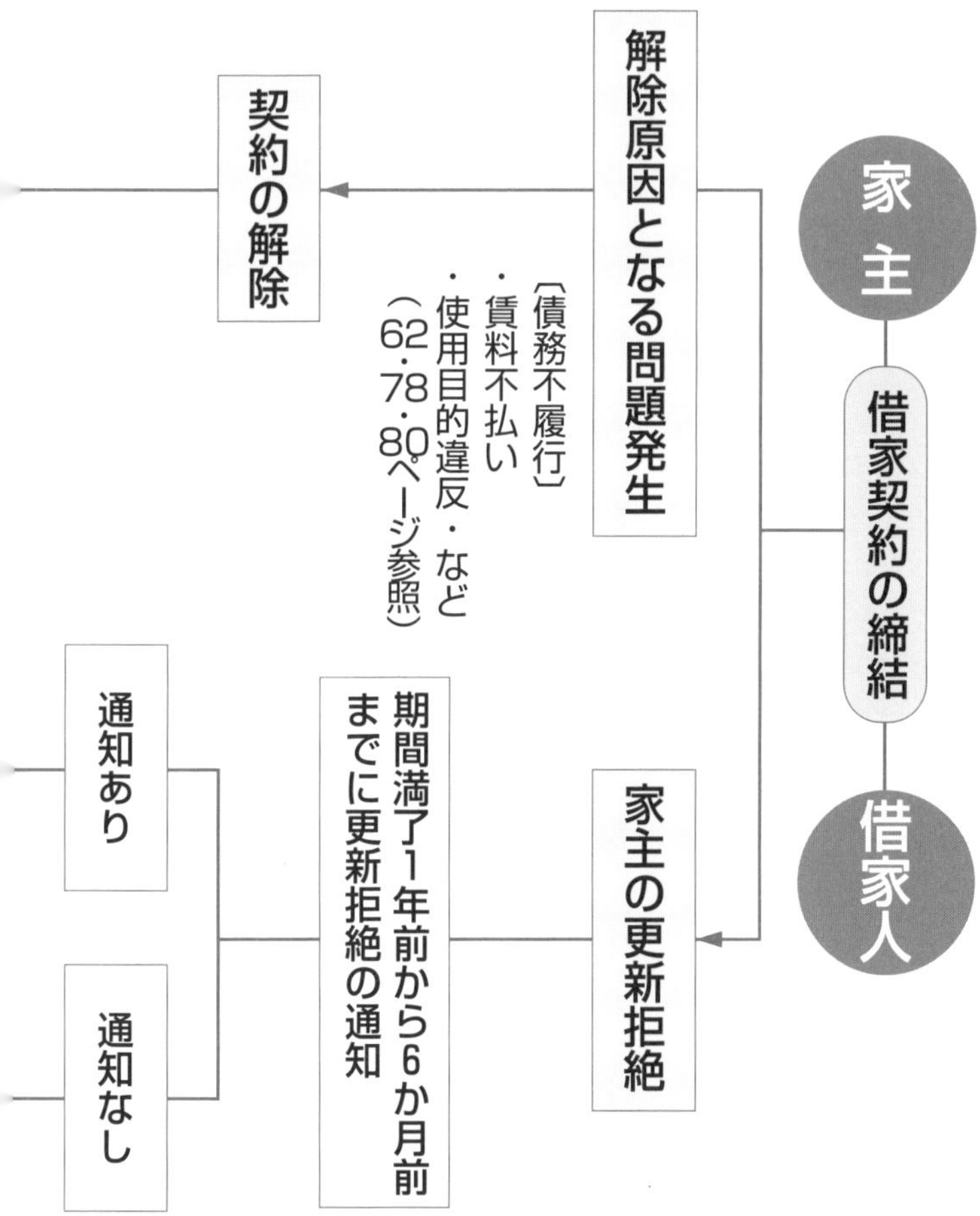

■借家の契約は、借家人にとっては、その借家を居住用として利用するか、事業用として利用するかにかかわらず、何らかの形で生活に密接に影響を及ぼす重要なものです。

それだけに、期間の定めがある借家契約であっても期間が満了したというだけですぐに契約を終了させてしまうわけにはいきません。

■借地借家法は、借家契約の期間が満了しても、それだけで契約が終了するものとはせず、できるだけ契約の更新を認める規定を置いて、借家人を保護しています。

■借地借家法の適用のある借家契約では、期間の定めがある借家契約の場合には、期間満了の1年前から6か月前までの間に、当事者が契約の更新をしない旨の通

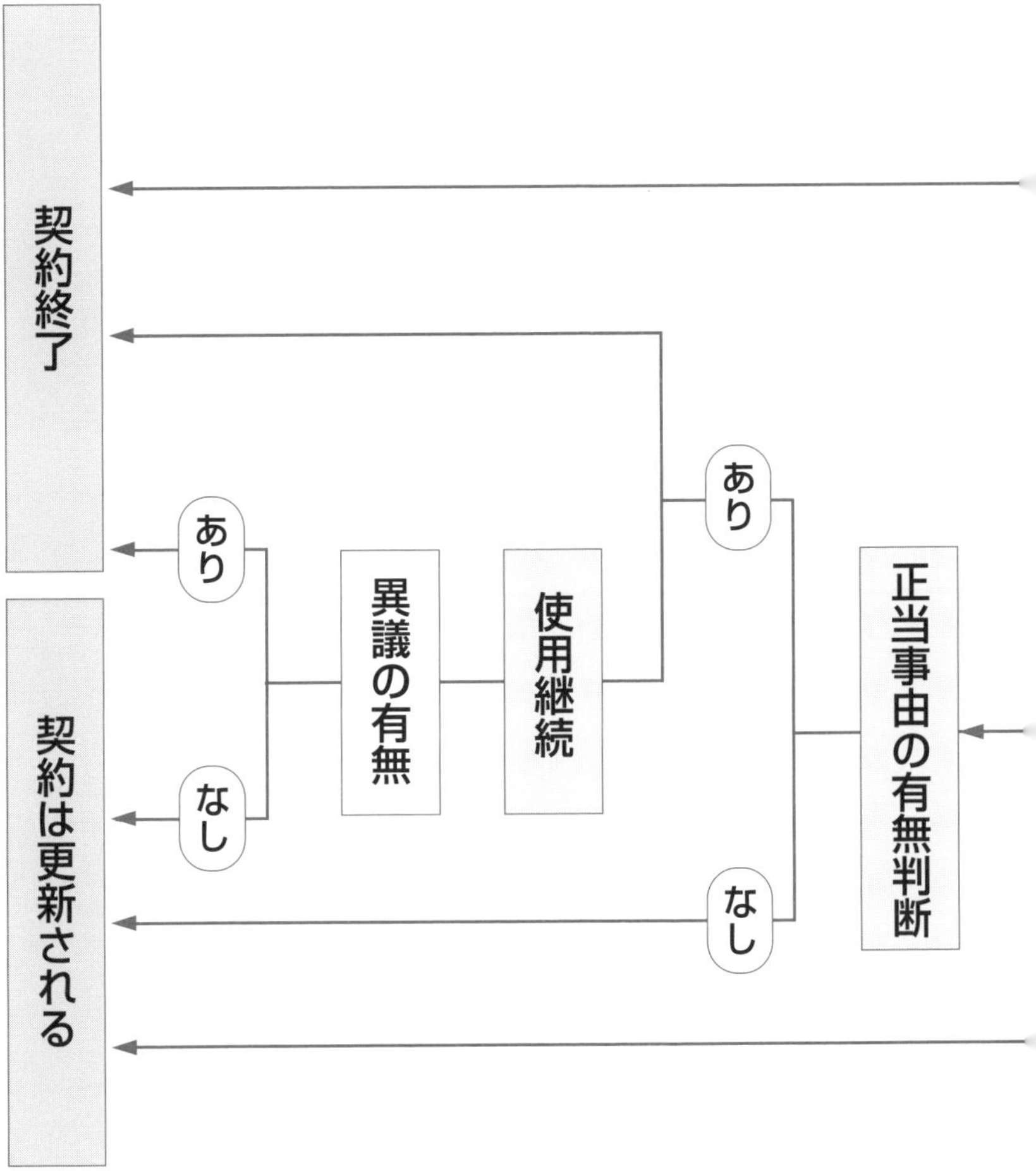

〔注〕合意による解約・終了、合意による更新もある。
定期借家契約の場合には、更新はない。

知（更新拒絶の通知）をしないとき、または、条件を変更しなければ更新をしない旨の通知をしないときは、契約は前の契約と同一の条件で更新されたものとみなされます。

また、家主がこの通知をして更新を拒絶する場合には、正当事由（98ページ参照）のある通知でなければ通知としての意味はありません。

■さらに借地借家法は、家主から正当事由のある更新拒絶の通知がされた場合でも、期間満了後に借家人が借家の使用を継続したときは、これに対して家主が遅滞なく異議を述べなければ、契約は更新されたものとみなして借家人を保護しているのです。

1 借家契約の更新と更新拒絶

普通借家契約の場合は、借家契約の期間が満了しても、家主が更新を拒絶するには、正当事由を備えた上で、借家人に対して更新を拒絶する意思を明確に伝える必要があります。

契約の更新

期間の定めのある契約は、原則としては期間満了によって終了します。しかし、借地借家法は特別な規定を設けて、借家人が望めばできるだけ期間満了後も契約を更新させようとしています。

家主と借家人の両者が合意して、契約を更新させる場合には、何の問題もありません。

しかし、家主が契約の更新を望まない場合でも、一定の条件が存在すれば契約が更新されたものとみなされるのです。これを法定更新と呼びます。

法定更新

期間の定めがある借家契約の場合に、当事者が期間満了の1年前から6か月前までの間に、更新をしない旨の通知か、または、条件を変更しなければ更新しない旨の通知をしなかったときは、契約は更新されたものとみなされます（借地借家法26条）。

これにより契約が更新されたときは、その契約は期間の定めのない契約となります。

法定更新の要件

法定更新が認められるためには、1年以上の期間の定めのある借家契約でなければなりません。

また、期間を定めた場合でも、定めた期間が1年未満の期間である場合には、その契約は期間の定めのない契約となります（借地借家法29条）。

更新拒絶には正当事由が必要

また、家主の側からの更新拒絶の通知または条件を変更しなければ更新しない旨の通知には、正当事由（98ページ参照）が必要です。正当事由なしに家主側が更新を拒絶しようとしても、借家人が応じない限り、契約は更新されます。

（借家契約の更新）　借地借家法第26条1項　期間の定めがある場合において、当事者が期間満了の１年前から６か月前までの間に、相手方に更新しない旨の通知または条件を変更しなければ更新しない旨の通知をしなかったときは、………契約を更新したものとみなす（一部省略）。

■図解38・家主が更新拒絶するとどうなるか■

★借地借家法の適用がある建物賃貸借は、できるだけ更新が認められるように規定されている。

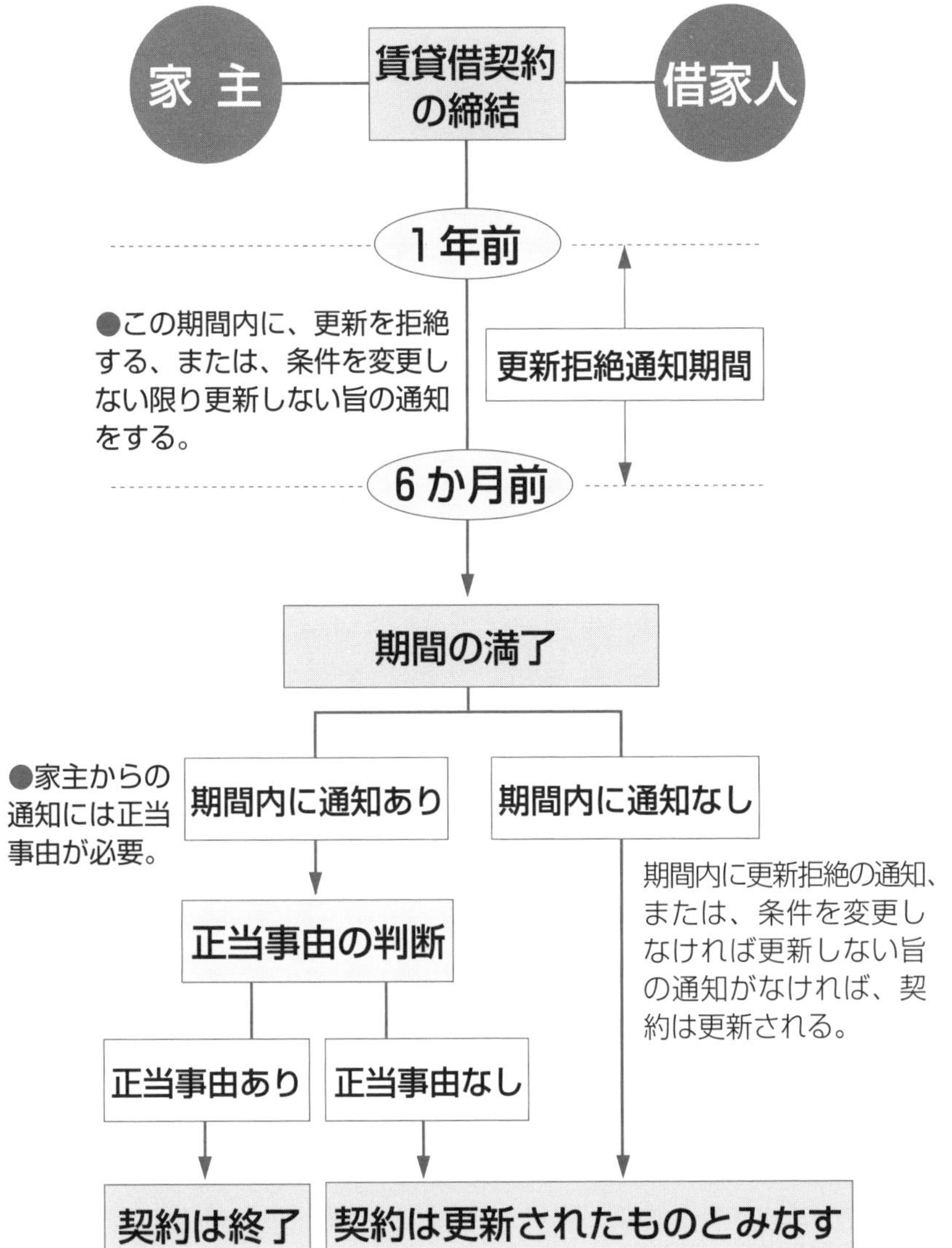

2 使用継続による更新

更新拒絶通知期間内に、更新拒絶等の通知があった場合でも、期間満了後に、借家人が借家の使用を継続している場合には、更新が認められることがある。

期間満了後の使用継続と更新

期間の定めがある借家契約の場合で、期間満了の1年前から6か月前までの間に、家主から正当事由のある更新を拒絶する旨の通知、または、条件を変更しなければ更新しない旨の通知があった場合でも、それで必ず契約が終了するとは限りません。

この場合に、期間満了後も借家人が借家の使用を継続すれば、これに対して家主から遅滞なく異議（「出て行け」という主張）がないときは、契約は更新されたものとみなされます。これを使用継続による更新と呼びます。

民法では賃貸借契約について、更新の推定の制度を設けています（民法619条）。これによれば賃貸借の期間満了後に賃借人が賃借物の使用を継続して、賃貸人がこれに対して異議を述べないときは、契約は更新されたものと推定されます。

これはあくまで「推定」されるだけで、借地借家法の規定のように「みなす」のではありません。推定なら反証を挙げれば覆せますが、みなすとされた場合には覆すことができないのです。

使用継続による更新の要件

使用継続による更新は、期間満了による契約終了に際して、正当事由ある通知がされた場合に認められます。

契約が、家賃の不払いや、使用目的違反、または、借家権の無断譲渡・転貸によって終了する場合には認められません。つまり、これらの事由があって契約が解除された場合に、いくら使用を継続しても、それは単なる不法占拠に過ぎないのです。

なお、借家人自身が使用を継続している場合に限らず、転借人がいる場合には、転借人が使用を継続していれば同じ扱いになります。

（使用継続による更新）

借地借家法第26条2項　前項の通知をした場合であっても、期間が満了した後建物賃借人が使用を継続する場合において、賃貸人が遅滞なく異議を述べなかったときは、前項と同様（更新されたものとみなす）とする。

■図解39・使用継続と家主からの異議■

★借家契約の期間満了の1年前〜6か月前までの間に、家主から正当事由のある更新拒絶の通知がされても、契約が更新されることがある。

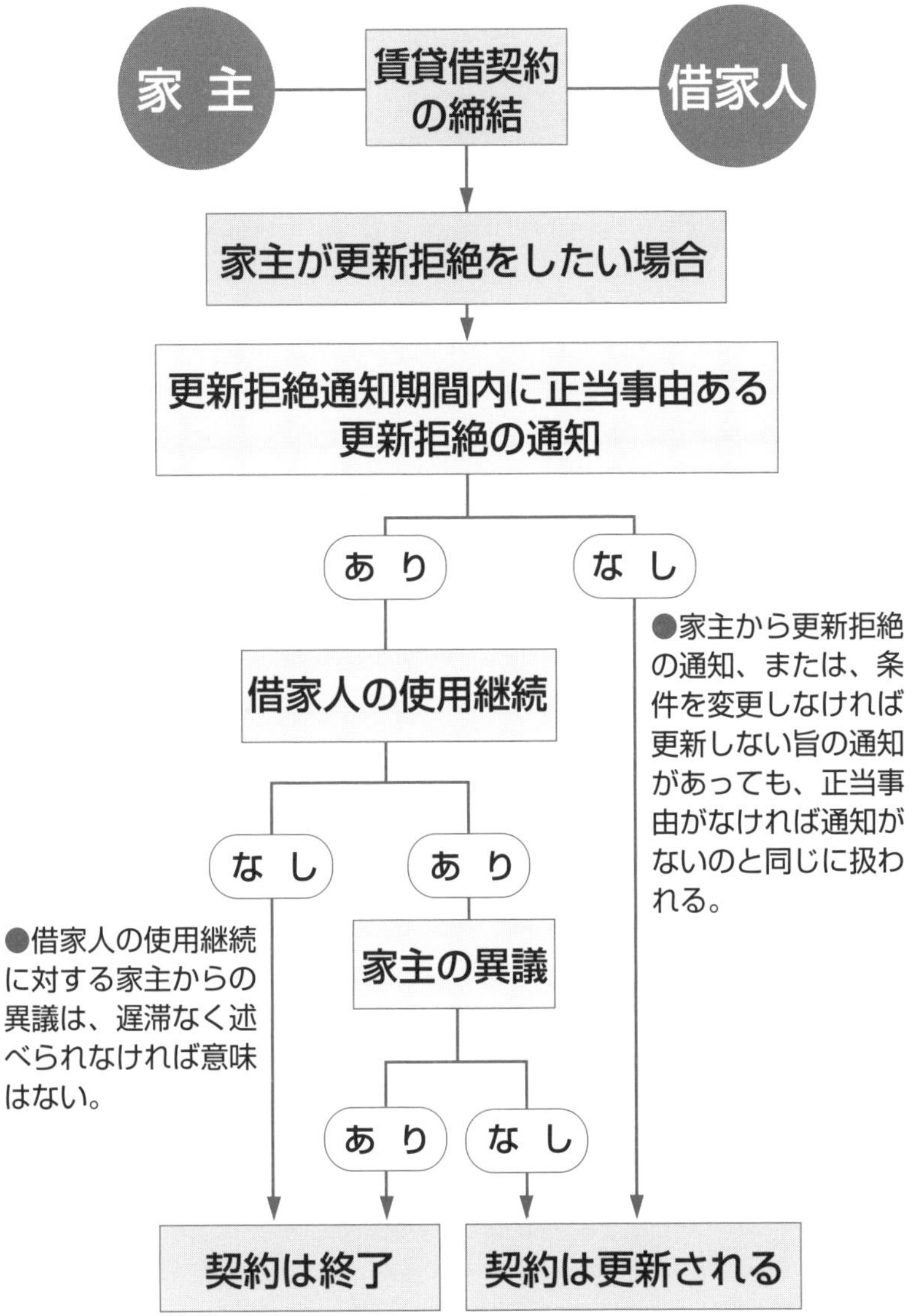

3 更新料の支払い

建物の賃貸借契約が更新される際に、更新の対価として、借家人から家主に対して支払われる金銭を更新料と呼びます。その支払いは法に定められているものではありません。

更新料

法律は更新料については何も規定していません。もともと更新料は、第二次世界大戦後東京周辺の大都市で建物の供給が不足したことから家主の立場が強くなり、授受が行われるようになったものです。日本全国で慣行として行われているものではありません。

更新料の支払義務はあるか

更新料について、法律が何も定めていない以上、原則として、契約内容として更新料を支払う旨の特約が結ばれていない限り、支払義務はありません。

ただし、その地域で更新料を支払うことが商慣行となっている場合には、家主は請求できると考えることもできます。しかし、これまでこのような商慣行があると裁判で認められた例はわずかしかありません。

また、更新の際には更新料を支払うという特約があった場合でも、その特約の有効性が裁判で争われたこともあります。借地借家法第30条は、借家契約の更新等について借家人に不利な特約は無効としています。更新料を支払わなければ更新しないとする特約が、借家人に不利な特約といえるかどうかが問題となるのです。

更新料の支払いを認めた判例

東京地裁平成17年10月26日の判例は、家賃1か月分の更新料を支払えば、更新後の存続期間を従来の契約と同じ2年間とする特約について、借家人にとっても利益があり、その額が1か月分の家賃相当額である点からも、消費者契約法や借地借家法の趣旨に反する不利な特約とはいえないとしました。

なお、特約がある場合に更新料は合法と違法とに判例は分かれていましたが、最高裁判所は特段の事情がない限り有効としました。

判例・最高裁判所平23年7月15日判決　賃貸借契約書に一義的かつ具体的に記載された更新料条項について、「更新料の額が賃料の額、賃貸借契約が更新される期間等に照らし高額過ぎるなどの特段の事情がない限り、消費者契約法10条（消費者の利益を一方的に害する条項の無効）後段の要件に該当しない」として有効とした。

■図解40・更新料を支払わないとどうなるか■

★家主は、更新料を支払う旨の特約をしておかない限り、更新料の請求はできない。

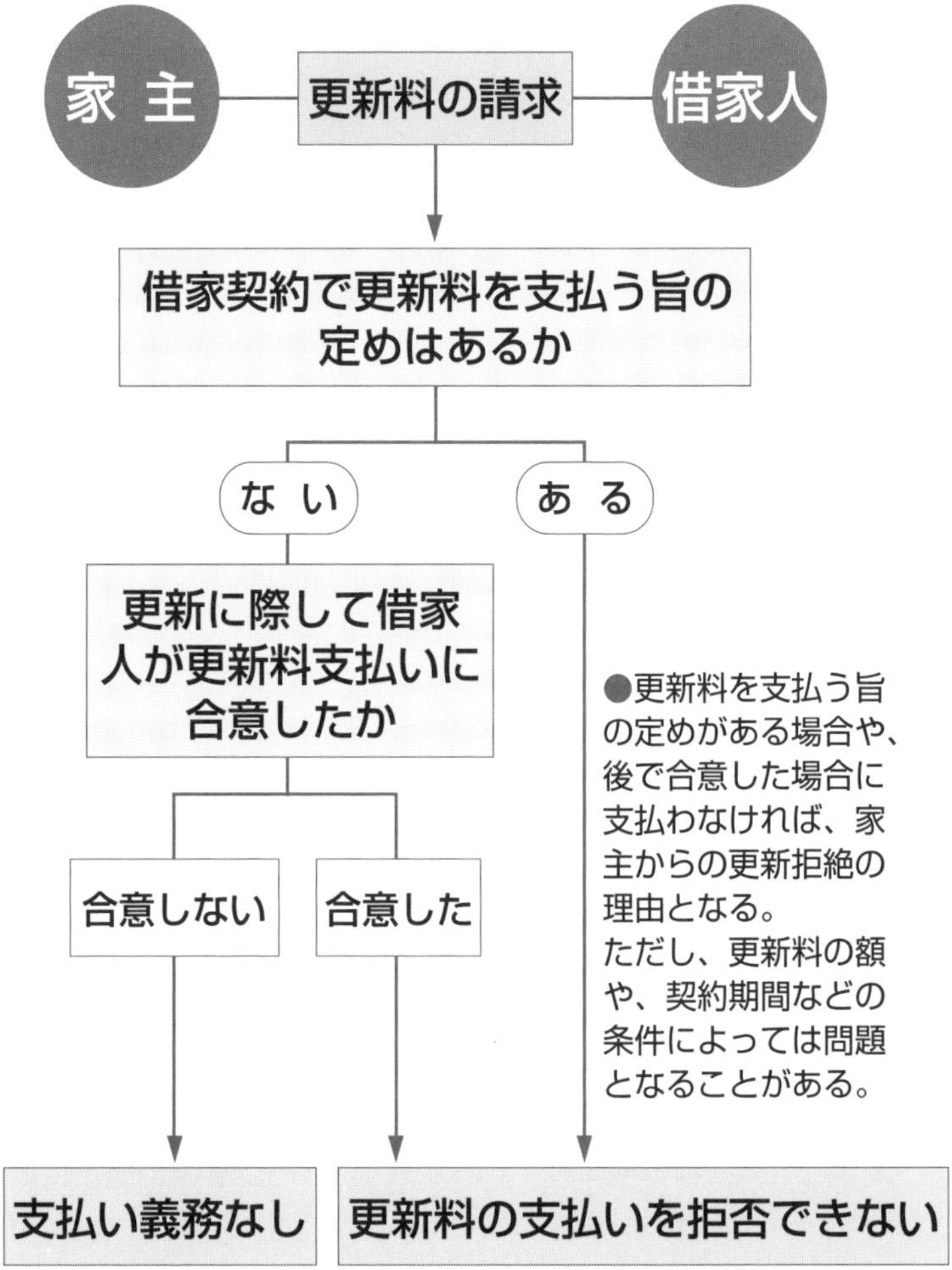

※合意による更新の場合には、更新料を支払う旨の約束がある以上、支払いを拒否することはできませんが、法定更新の場合には、少々話が変わります。

更新料の約束があれば、法定更新の場合にも支払義務があるかについて、判例は分かれており、現在のところどちらとも言えない状態です。

4 更新拒絶の仕方

期間の定めがある借家契約の期間が満了した場合には、借家人が契約終了に合意するか、家主に正当事由がない限り契約は更新されてしまいます。

更新を拒絶する手続き

期間の定めがある借家契約の場合には、家主が更新を拒絶するには、借家人に対して期間満了の1年前から6か月前までの間に、正当事由（98ページ参照）のある更新拒絶の通知をすることが必要です。

この通知がなければ、契約は更新されてしまいます。また、通知をしても、家主に正当事由がなければ契約は更新されます。

さらに、正当事由ある通知をした場合でも、借家人や転借人が、期間満了後も建物の使用を継続しているのであれば、家主が遅滞なく異議を述べなければ、その使用を認めたものとして契約は更新されてしまいます。

要するに、家主が更新を拒絶するには、正当事由を備えた上で、一定の期間内に更新を拒絶する旨の通知や、異議を述べる必要があるのです。

通知・異議

(1)借家人からの更新請求があったとき

借家人から更新したい旨の請求があった場合には、家主は遅滞なく更新拒絶の通知をすることが必要です。明確な基準はありませんが、請求があってから最大でも2か月以内にはするべきです。

(2)期間満了後に借家人が使用を継続する場合

借家契約の期間が満了した後も、借家人や転借人が土地の使用を継続している場合には、遅滞なく異議を述べなければ契約は更新されてしまいます。

また、異議を述べた後も、借家人や転借人が使用を続けるのであれば、何度でも繰り返し異議を述べなければなりません。

この異議も、いつ述べたのかをはっきりさせるために、配達証明付の内容証明郵便で行います。

（建物転借人と使用継続）

借地借家法第26条3項　建物の転貸借がされている場合においては、建物の転借人がする建物の使用の継続を、賃借人がする使用の継続とみなして、前項の規定を適用する。

■図解41・更新拒絶の手続き■

★更新拒絶は通知により行うが、内容証明郵便でするのがよい。異議を述べる場合も同じ。

借家契約締結

●借家契約締結の時点で、更新を認めたくないのであれば、定期借家契約にする。普通借家権を設定した場合には、たとえ更新を認めない旨の約束をしていても、その約束は借家人に不利な特約とし無効になる。

家主 **更新拒絶の通知** →

借家期間の満了

●借家契約の更新拒絶の通知は、必ず期間満了の1年前～6か月前の間にしなければならない。

家主 **異　　議** →

●正当事由ある更新拒絶の通知をした場合でも、借家人が建物の使用を継続しているのであれば、直ちに（遅滞なく）異議を述べなければ更新されたものとみなされる。

借家人が使用を継続

■更新拒絶通知書

令和○年○月○日
□□県□□郡□□町□番地
　乙野　四郎　殿

□□県□□郡□□町□番地
甲野　三郎　㊞

借家契約更新拒絶通知書

貴殿と私との間で平成○年○月○日に締結した、□□市□町□番地に所在する家屋番号○番の、私が所有する家屋を目的とする賃貸借契約は、この度平成△年△月△日をもちましてその期間が満了し、貴殿の借家権は消滅いたしました。

ところで私は、現在は貸家に居住しており、貴殿との契約終了後は、本件家屋に自ら居住する所存でありますので、ここに右契約の更新をお断り申し上げます。

5 借家の明渡しと正当事由

家主が借家契約を終了させるには、終了を正当化する事情（正当事由）が必要です。正当事由は家主と借家人のそれぞれの事情を比較し判断されます。

借家人の保護

契約は、期間が満了したときに終了して、借家人は借りていたものを貸主に返還しなければならないのが原則です。しかし、建物の賃貸借を目的とする契約は、借家人にとっては、そこで住むにしても、仕事をするにしても生活の基盤の確保として非常に重要な契約です。

このような重要な契約を、期間が満了したからといって、それで終了させてしまうことはできません。借家人にとっては生活の場所を失うことになり、また、近隣の人間関係や、場合によっては顧客との関係も失って仕事ができなくなることもあるのです。

借家人の都合と家主の都合

このように借家人にとって重要なものであることは当然としても、家主の都合も無視することはできません。

家主の側でも、自分がその建物を使わなければならないような事情がある場合もあります。

また、借家人が常に弱い立場とは限りません。借家人の方が、家主よりも経済的な面で優位に立っている場合もあり得るのです。

正当事由の判断

そこで借地借家法は、借家人と家主の個別の事情を比較して、そのそれぞれの事情を総合的に判断して、借家契約を終了させるべきか否かを判定することにしたのです。

これが正当事由の判断です。家主の側に、更新を拒絶するだけの正当事由が存在すると判断されれば、家主の側からの更新拒絶が認められ、そうでなければ、借家人の希望どおり、更新が認められることになります。

正当事由は借地借家法第28条に規定されています。

（正当事由）借地借家法第28条　家主による更新拒絶の通知または解約の申入れは、家主及び借家人が建物を必要とする事情、賃貸借に関する従前の経過、利用状況、建物の現況並びに立退料の申出を考慮して正当事由がある場合しかすることができない。（一部省略）

■図42・正当事由の有無と明渡しの可否■

★正当事由の有無の判断は、家主および借家人（転借家人含む）の事情を総合的に考慮して判断する。

〔家主に正当事由があるか否かの判断〕

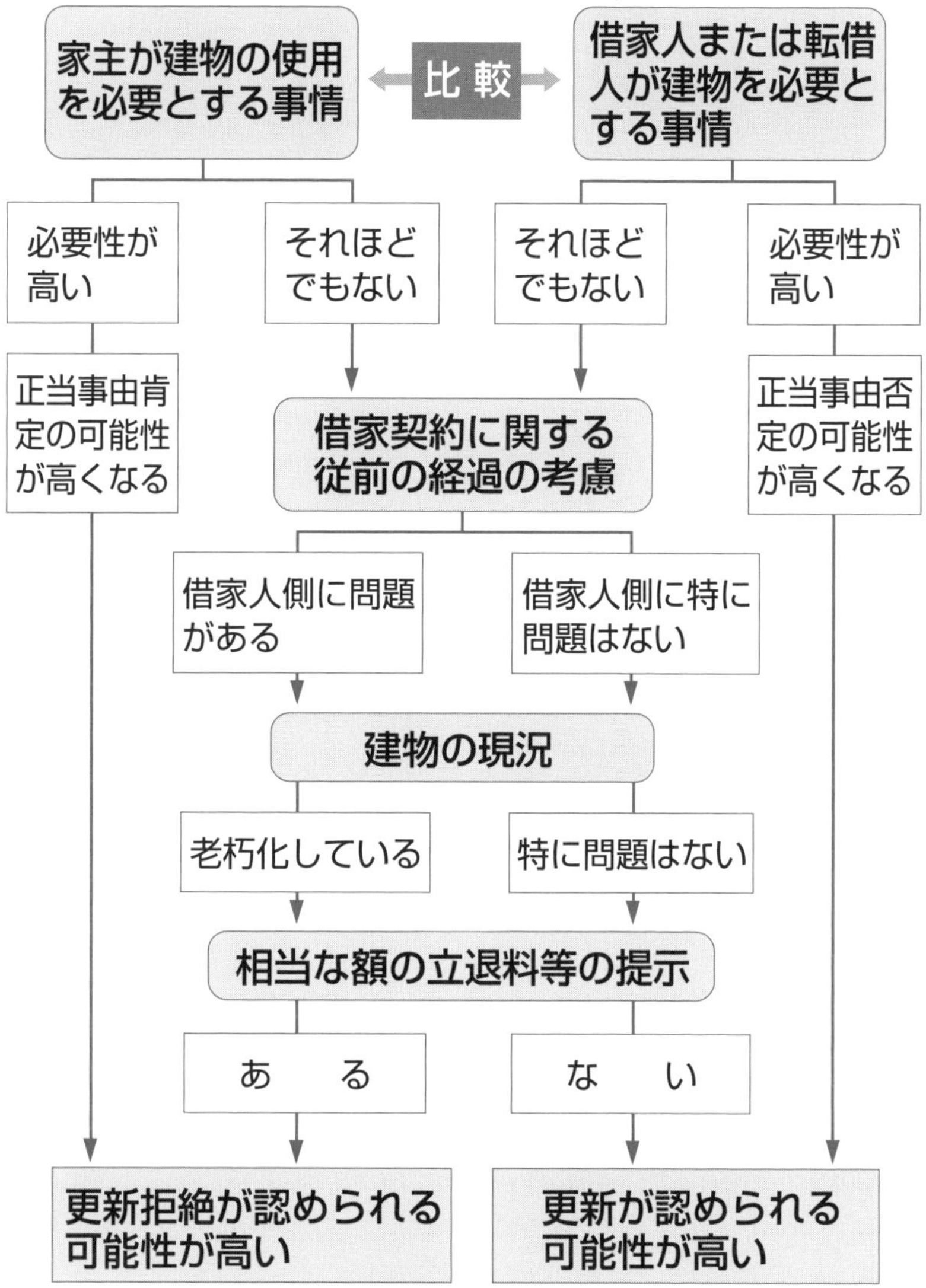

6 正当事由の判例

裁判になった事例では、家主と借家人（転借家人含む）双方の事情について、判例は非常に細かな部分まで考慮して、正当事由の有無を総合的に判断します。

建物使用の必要性の比較

正当事由の中で最も重要な正当事由は家主と借家人それぞれの建物の使用を必要とする事情です。判例では、必ずしも自分自身で使うことは求めていません。自分が家族と同居するためであっても、家族や親族の使用のためでも判断材料となります。また、使用するためではなく、家主が建物やその敷地を売却することが生活の維持に必要だという事情も家主に有利な事情となります。

借家に関する従前の経過

借家契約が家主の厚意によって締結されたものであるかどうか、権利金の授受があったかどうか、あった場合にはその額はどの程度か、また、借家人に家賃の不払いがあったかどうか、不払いがあった場合にはその程度や額が問題になります。

建物の利用状況

借家人が用法違反などの違反行為をしていたかどうかも判断材料になります。居住用のマンションの賃貸借で、借家人が勝手に事務所として使用し、家主からの改善申入れを拒否した場合や、禁止されているペットの飼育で近隣に迷惑をかけたなどの事情で、家主に正当事由ありとされた判例があります。

建物の現況

建物が滅失または朽廃した場合には、契約は終了します。それに至らない場合でも、かなり老朽化が進んでいる場合には、家主に有利な事情になります。

財産上の給付（立退料）の申出の有無

この事情は、最も補助的な事由として最終的な判断の材料になります。借家人の引っ越しの費用の負担や営業上の損失の填補など、経済的損失を補う意思が家主にあるかどうかの問題です。

（立退料提供の申出と正当事由）

参議院法務委員会付帯決議平成 3 年 9 月 26 日　立退料の提供があった場合でも、このことのみによって正当事由が具備されるものではない。

■図43・判例に現れた正当事由の諸事情■

★正当事由の有無は、さまざまな具体的事情を考慮して判断される。

	家主に有利な事情	借家人に有利な事情
❶建物の使用を必要とする事情	①建物を店舗として使用することが家主の生活の維持に必要。 ②家主が高齢で、息子家族と同居するために必要。 ③家主が定年退職により社宅の明渡しを求められており、他に住居を求める経済的余裕がない。 ④借家人に経済力があり、他に借家を求めることが容易。	①建物を明け渡すことによって、重大な営業上の打撃を被る場合。 ②借家人が長年にわたり居住または営業しており、転居により、近隣の人間関係や顧客を失う。 ③借家人に経済力がなく、同等の借家を求めることが困難である。
❷建物の賃貸借に関する従前の経過	①借家契約が家主の厚意によって締結された。 ②権利金の授受がまったくない、または低額である。 ③家賃の額は低廉である。 ④家賃の滞納があった。	①借家契約が、主として家主の収益目的である。 ②多額の権利金の授受があった。 ③家賃の額が相当額または高額である。
❸建物の利用状況	①借家人が、借家契約に定められた用法に違反して使用した。 ②建物の利用に際して、借家人が近隣に迷惑をかけた。 ③借家人の建物の使用方法が乱暴で汚損破損が見られる。	①借家契約に定められた使用目的に違反したことがない。 ②通常の使用をしているだけで、特に建物の汚損・破損が見られない。
❹建物の現況	①建物が老朽化している。	①建物が老朽化しているとはいえない。

これらの諸事情を総合的に考慮し、家主からの更新拒絶または解約を認めるだけの正当事由ありと言えない場合でも、相当な額の立退料の提示や、相当な代替建物の提供がある場合には、正当事由が補完されて、更新拒絶や解約が認められる。

7 更新拒絶・解約をする方法

借地借家法は、借家人の保護を考慮して、できるだけ借家契約を存続させる方向で定められています。更新拒絶・解約には一定の手続きが必要です。

■更新拒絶・解約の手続き

更新拒絶をするためには、一定の時期に更新拒絶の通知や異議（96ページ参照）が要求されます。また、期間の定めがない借家契約の解約申入れをしても、すぐに明渡しを求められるわけではありません（104ページ参照）。そして重要なのは、家主から更新拒絶をするにも、解約申入れをするにも正当事由が要求されることです。

■自己使用の計画を立てる

正当事由の判断の際には、家主の側がただ漫然と自分で使いたいと希望しても、認められることは少ないのです。更新を拒絶したり、解約するためには、あらかじめ具体的な建物の利用計画を立てておくことが必要です。

■借家人の側のマイナスを記録しておく

正当事由はさまざまな事情を考慮して、総合的に判断されます。したがって、自己使用の必要性は少々弱くても、他の事由を多く積み重ねることによって、全体として正当事由ありと認めてもらうことも可能です。

ここで利用できるのが、借家に関する従前の経過です。借家人が家賃の不払いをした場合や、借家契約で定めた用法に違反した場合、また、借家権の無断譲渡や転貸などの何らかの背信行為があった場合には、必ず記録しておきます。また、借家人に、近隣に対する迷惑行為がある場合や、建物の使用方法が乱暴で、汚損・破損が著しいなどという事実も借家人のマイナス要因となります。

■代替建物の提供・立退料の提示

他の正当事由がないかまたは弱いという場合には、代わりの建物の提供や立退料の提示で補完することは実際にはよく行われます。正当事由がないからとあきらめず、これらの手段を考えてみることが重要です。

（期間の定めがない場合の解約申入れと使用の継続）

借地借家法第27条の内容　家主から解約申入れをした場合は、申入れの日から6か月を経過して契約は終了する。契約終了後の使用継続に対する異議の規定はこの場合に準用する。

■図44・更新拒絶・解約の方法・手段■

★期間満了の際に更新を拒絶する場合も、期間の定めがない借家契約で解約申入れをする場合にも一定の手続きが必要。

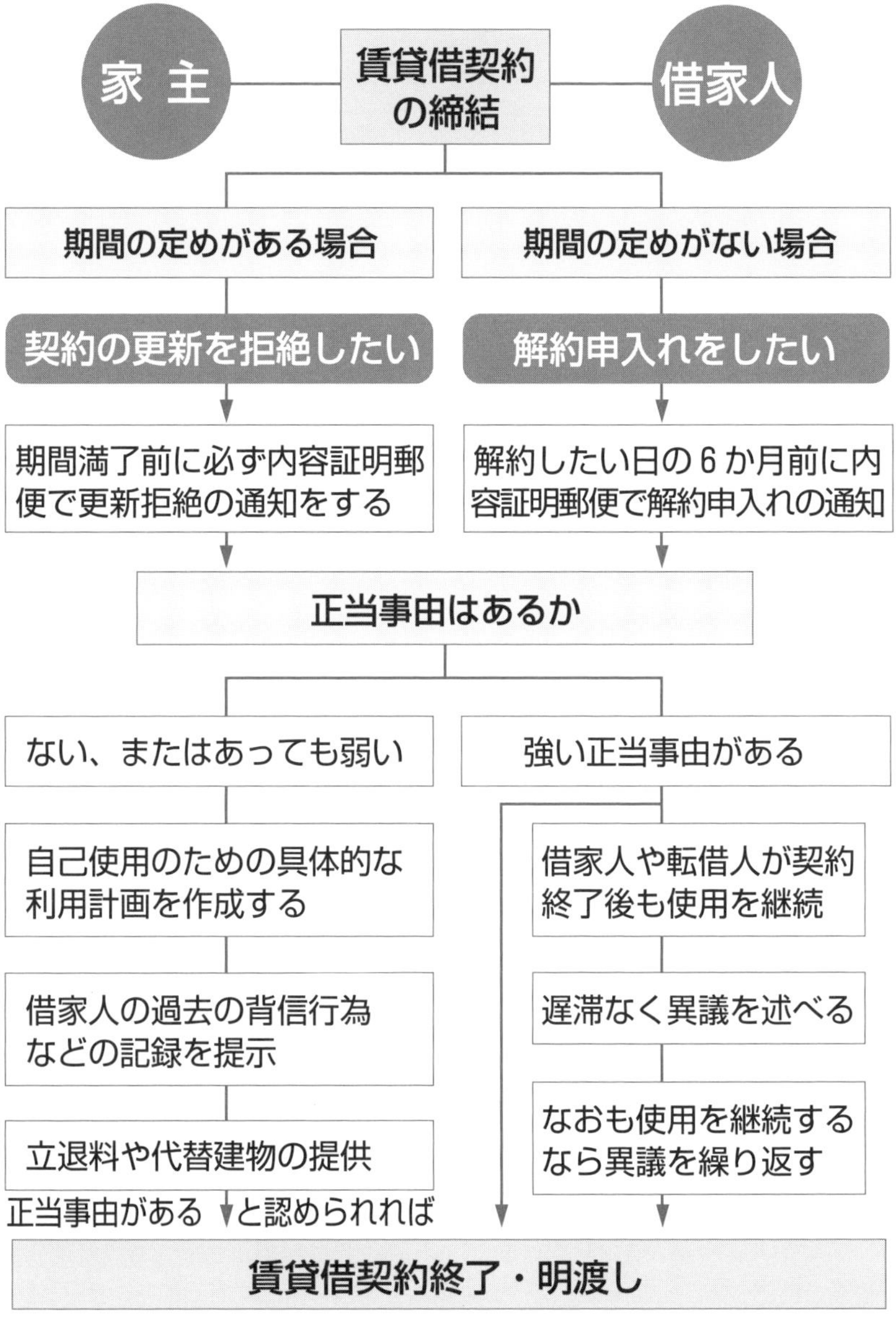

8 借家契約が終了する場合

家主に正当事由があり更新が拒絶された場合や、解約申入れによる場合、また、背信行為があり解除された場合、そして建物が滅失したときも契約は終了します。

更新拒絶による終了

期間の定めがある借家契約で、家主に正当事由がある場合には、期間満了により契約は終了します。期間の定めのない借家契約の場合には、家主からの解約申入は6か月、借家人からの解約申入は3か月を経て契約が終了します。ただし、この場合にも、家主からの解約申入れには正当事由が必要です。

定期借家権の場合は、更新はなく期間の満了により契約は終了します。

借家人の背信行為による解除と終了

借家人が用法違反や家賃の滞納をしても、それだけで契約が解除されるわけではありません（64・78ページ参照）。この場合には、その契約違反行為が背信行為にあたる場合だけ、契約を解除することができます。

なお、家賃の滞納の場合、相当の期間を定めた催告をして、その期間内に支払いがない場合には解除できますが、この催告なしで解除することは原則としてできません。しかし、借家契約に、滞納があったときは催告なしに解除できる旨の特約がある場合には、最高裁も無催告での解除を認めています。

また、用法違反の場合にも、相当の期間を定めて違反行為の差し止めを催告し、違反行為が止まらない場合にだけ解除できるのが原則です。しかし、この場合も判例は、賃貸借関係を著しく困難にするような不信行為があった場合には、無催告での解除を認めています。

合意解約

家主と借家人が合意すれば、借家契約を解除して終了させることができます。

建物滅失による終了

建物が地震や洪水などの天災や火災、取り壊しによって全部滅失したときは、借家契約は終了します。

（解約による建物賃貸借の終了）

借地借家法第27条1項　建物賃貸人が賃貸借の解約申入れをした場合においては、建物の賃貸借は、解約申入れの日から6月を経過することによって終了する。

■図45・どんな場合に借家契約は終了するか■

★借家契約の終了原因にはさまざまなものがあり、即時に終了させることができる場合と、催告が必要な場合がある。

期間の定めがある場合

事由	終了	
期間満了・更新しない旨の合意・正当事由のある更新拒絶	満了時点で終了	
家賃の滞納があった	催告の上で解除・終了	無催告解除もある
用法違反があった	催告の上で解除・終了	無催告解除もある
無断譲渡・転貸があった	催告の上で解除・終了	無催告解除もある
近隣への迷惑行為があった	催告の上で解除・終了	無催告解除もある
建物が全部滅失した	滅失時点で終了	

期間の定めがない場合

事由	終了	
解約申入れがあった	家主からは６か月経過後終了（正当事由が必要） 借家人からは３か月経過後終了	
家賃の滞納があった	催告の上で解除・終了	無催告解除もある
用法違反があった	催告の上で解除・終了	無催告解除もある
無断譲渡・転貸があった	催告の上で解除・終了	無催告解除もある
近隣への迷惑行為があった	催告の上で解除・終了	無催告解除もある
建物が全部滅失した	滅失時点で終了	

定期借家契約の場合

①定期借家契約では期間満了により契約終了（更新なし）。

②中途解約はできず、原則として契約満了までの賃料の支払い義務がある。ただし、床面積が200m²以上で居住用物件の場合には、借主（賃借人）が止むを得ない事情で使用が困難であれば中途解約の申し入れをすることができる。

9 造作買取請求権とは

借家人が、家主の承諾を得て借家に畳や建具などを備えつけた場合には、借家契約終了後、家主に買い取ることを請求することができます。

造作とは

造作とは、借家人が家主の承諾を得て借家に取り付けた畳や建具、クーラー、水道設備などのように、建物の使用価値を増加させるものを言います。

なお、什器や家具、備品などの独立性の強いものは造作ではありませんし、建物の一部となって独立性を失ったものも造作には含まれません。

これらの造作は借家人の所有物ですから、借家契約が終了したときは、原状回復義務から考えても、借家人が取り外して建物を明け渡すのが本来の姿です。

しかし、前述のような建具などを取り外しても、他では使い道はあまりありません。造作は建物に取り付けられてはじめて利用価値があるものなのです。

そこで借地借家法は、借家人が造作に投下した資本を回収させるために、この造作を家主に買い取れと請求する権利を認めているのです。

造作買取請求権行使の効果

借家人が、造作買取請求権を行使した場合には、それだけで造作の所有権は家主に移転し、家主はこれを拒否することはできません。家主は造作の所有権を得る代わりに、造作の時価を支払うことになるのです。

造作買取請求権を行使しない特約

借地借家法は借地の場合の建物買取請求権と異なり、造作買取請求権は任意規定とし、特約で排除することを認めました。したがって借家契約にこの特約が付されていれば、借家人は造作買取請求権を行使することはできないのです。

現在では、ほとんどの借家契約にこの特約が付されています。

（造作買取請求権）

借地借家法第33条　家主の同意を得て建物に付加した畳、建具その他の造作がある場合には、借家人は、借家契約が期間満了または解約申入によって終了するときに、家主に対して時価で買い取ることを請求できる。（一部省略）

■図46・造作買取請求の仕方■

★特約で造作買取請求権を排除している場合には、借家人は買取請求はできない。

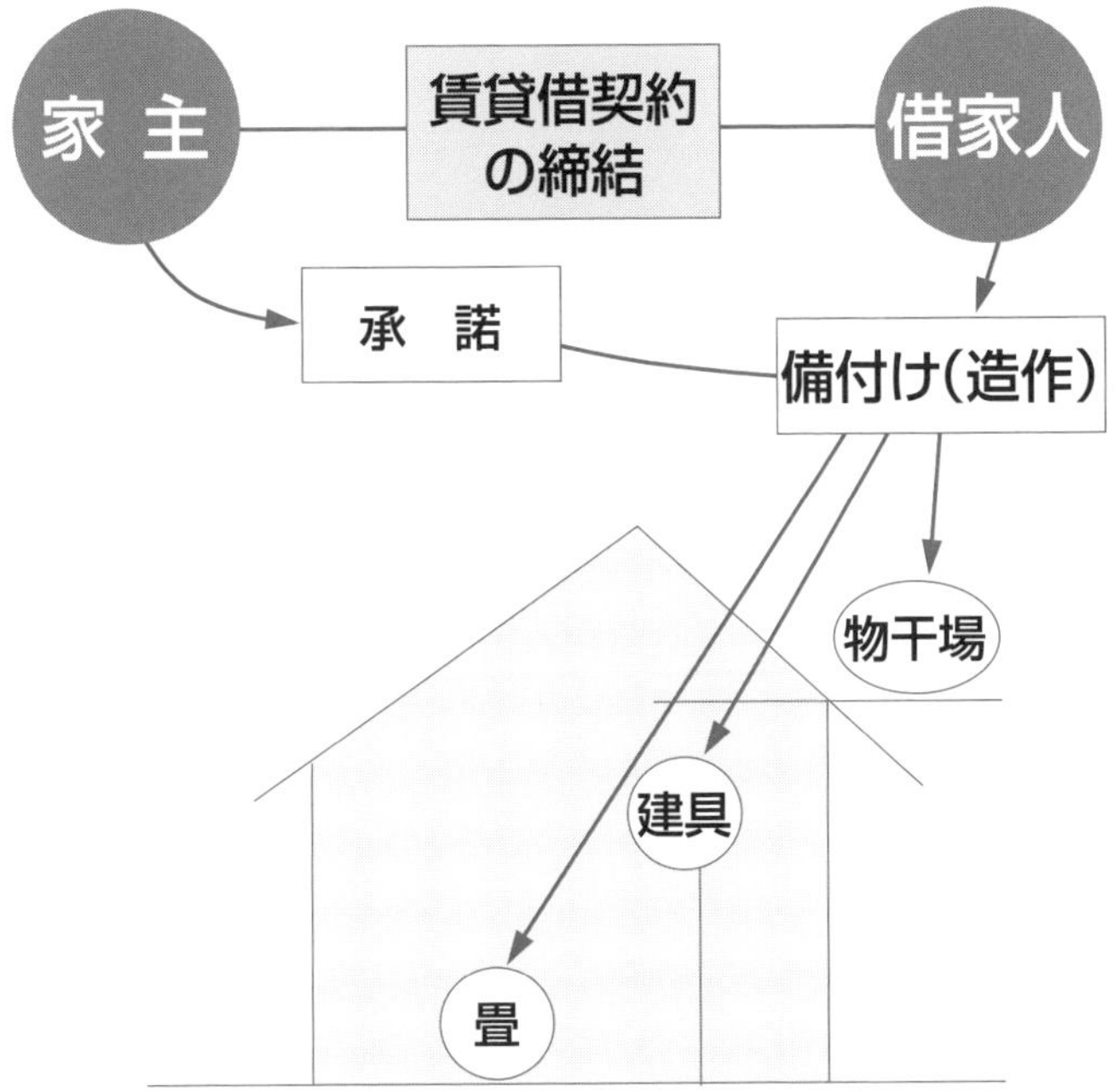

■造作買取請求の手続き

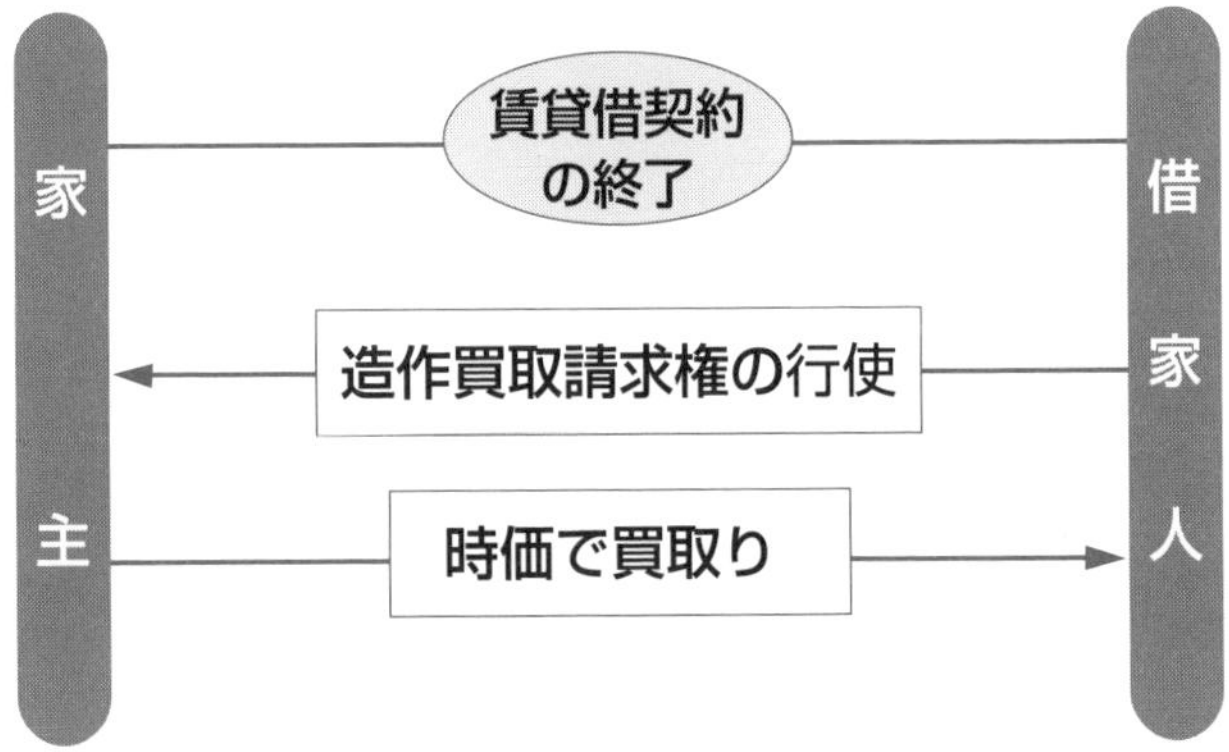

10 借家契約終了に際しての諸問題

借家契約が終了したら、借家人は建物を原状に復して明け渡さなければならず、家主は受け取った敷金に残額があれば、清算しなければなりません。

敷金の返還と費用負担の特約

敷金は、借家契約から発生した損害を担保するために差し入れておく金銭です。したがって明渡し終了後に損害額を控除して残金があれば借家人に返還する義務があります。

なお、家主は未払い賃料や損害額を敷金から控除できますが、借家人の側から敷金からの控除を請求することはできません。

契約に、「借家人は明渡しのときに、畳の表替え、壁の塗り替え、障子・襖の張り替え、室内の清掃に必要な金銭を負担する」という特約がある場合に、この特約が有効かどうかが問題となります。

判例は、畳の表替えや絨毯の張り替え費用について特約の効力を認めたものと、そうでないものとに分かれています。ただし、あまりに負担額が多額な場合には、その全額を借家人負担とすることは認められないでしょう。

なお、敷金の返還請求権は、明渡し後に発生しますから、借家人は、返還がないことを理由に明渡しを拒むことはできません。

立退料の支払い

立退料は家主の正当事由を補完し、借家契約を終了させる条件として、支払われる金銭です。

したがって家主に強い正当事由がある場合にまで支払う必要はありません。

契約終了が月の途中の場合の家賃

月の途中で契約が終了した場合には、その月分の家賃は原則として日割り計算になります。すでに1か月分を支払っていた場合には、不当利得として返還を請求できます。

しかし、家賃については家主と借家人が合意すれば自由に決めることができ、月の途中での終了の場合も全額を支払うと特約しておくこともできます。

（原状回復の費用負担）

判例・京都地裁平成9年6月10日　特約がある場合でも、借家人が通常の汚損や破損について費用を負担する義務を負うのは、義務の内容を特に認識して合意した場合に限られる。

■図47・借家契約終了で問題になること■

★借家契約が終了したら、明渡終了後、家主は借家人に敷金を返還しなければならない。

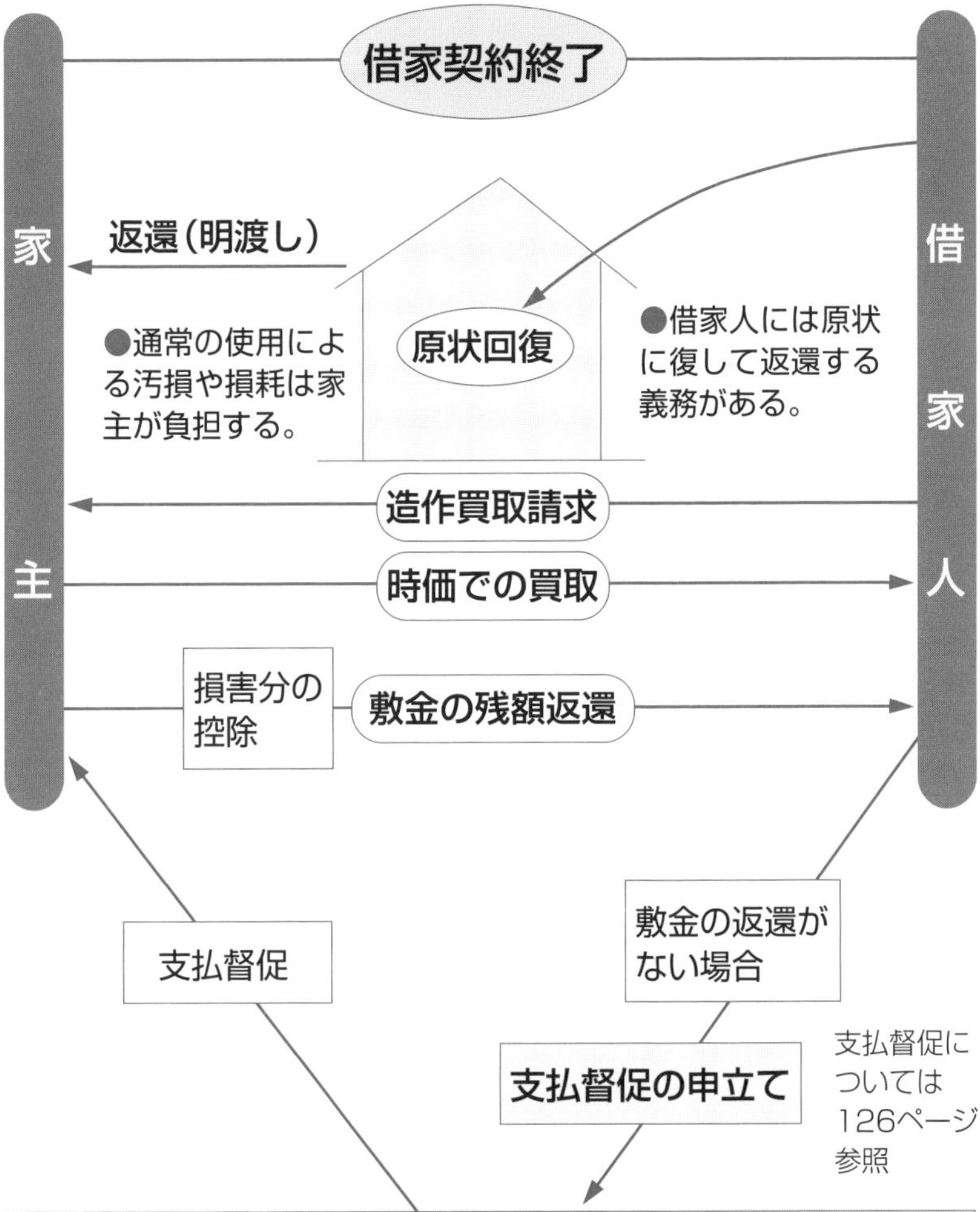

なお、返還を請求する敷金の額が60万円以下の場合には、少額訴訟を利用することができます。この場合には、１回だけの審理ですぐに判決を受けることができます（126ページ参照）。

●弁護士の頼み方

調停を申し立てる場合には、ほとんどは申立書の作成には裁判所の事務官が相談に乗ってくれます。また、調停が開始されれば調停委員がアドバイスしてくれるので特に弁護士などの専門家に依頼する必要はありません。

ただし、訴訟となると話は別です。特に相手方に弁護士がついている場合には、自分で対応すると、ほとんど勝ち目はありません。

弁護士を依頼するにしても、知人や友人に弁護士がいない場合には、少々敷居が高く、報酬などの点で不安があるという人が一般的です。弁護士報酬の基準を定めた報酬規定はなくなり、現在は各弁護士が個々に定めています。しかし、旧報酬規定が一応の目安になりますので概略を紹介しておきます。

◆経済的利益が３００万円以下
・着手金８％
・報酬金（経済的利益の16％）

◆経済的利益が３００万超３０００万円以下
・着手金５％＋９万円
・報酬金10％＋18万円

◆経済的利益が３０００万円超30億円以下
・着手金３％＋69万円
・報酬金４％＋７３８万円　（以下省略）

なお、日本司法支援センター（法テラス）に申し込めば、弁護士費用を立て替えてもらえる場合もあります。

■弁護士に依頼するときの注意点■

事前に必要な証拠になりそうな書類を整理しておく。
↓
取り合えず相談だけでもしてみる（相談料は30分で5000円が目安）
↓
相談する際は、隠し事をしない。
↓
依頼した弁護士を疑わない。
↓
弁護士を替えない。
↓
打ち合せには必ず出席する。
↓
事件後の経過はすべて報告する。

♧トラブルが生じた場合には、まずは話し合うことです。
法的な解決手段としては調停・訴訟があります。

第4章

賃貸住宅のトラブルと解決法

■図解48・借家のトラブル解決の流れ■

◆借家のトラブルと解決の仕方

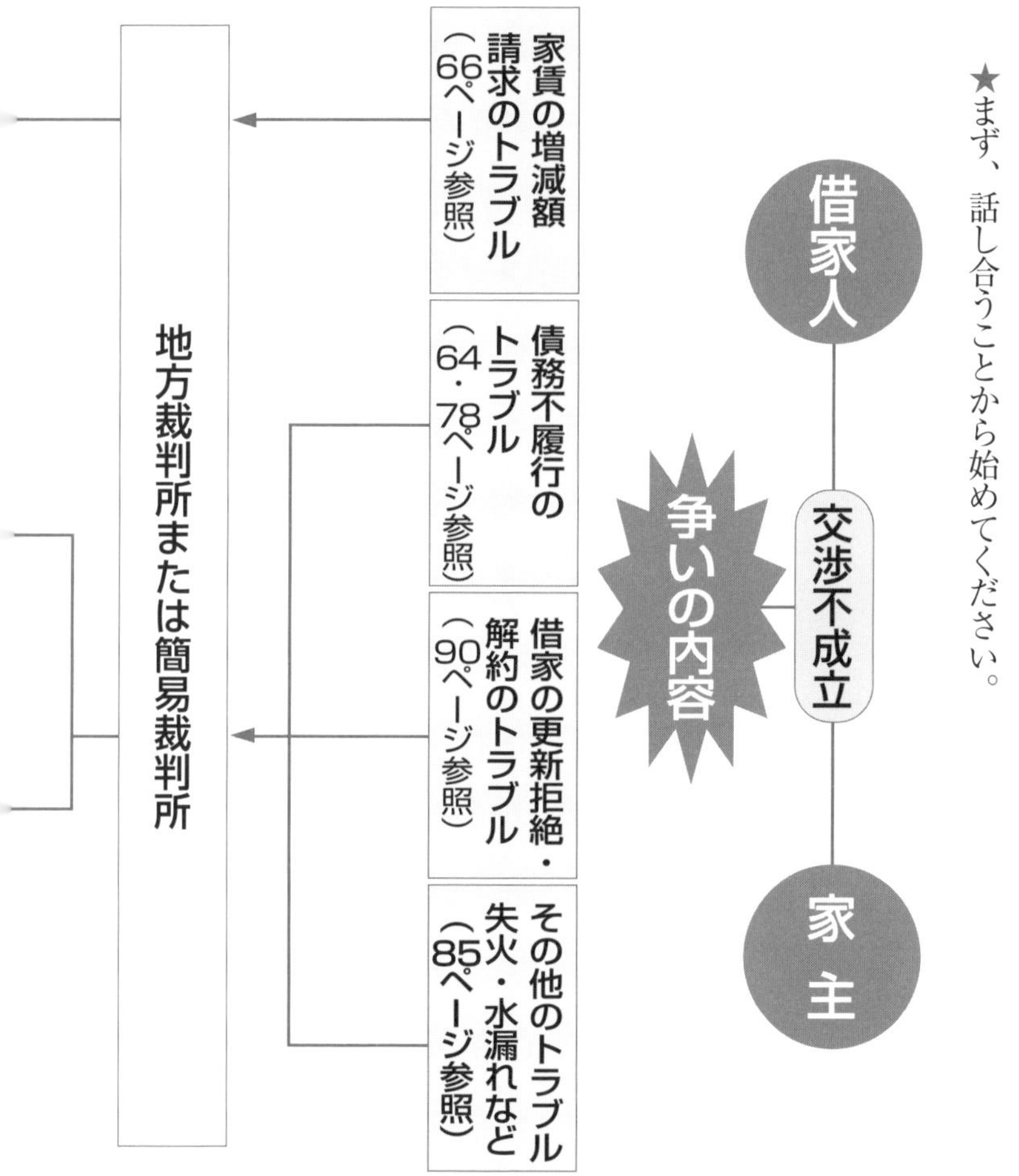

■借家のトラブル解決法

日常生活の中でトラブルが起こったときの解決法はさまざまです。まず、最も手近な解決法は、トラブルの相手と交渉をすることです。交渉がうまくいかないときは、法的な手段に訴えることを考えるのが普通でしょう。そして法的手段にもいろいろあり、調停を申し立てたり、場合によってはいきなり訴訟を起こす人もあるでしょう。

■借家のトラブル解決法

家賃の増減に関して家主と借家人との間で合意ができないときは、訴訟を提起する前に、まず、調停を申し立てなければなりません。調停の申立をしないで、いきなり訴えを提起しても、裁判所は原則として調停に付さなければなりません（民事調停法第24条の2）。

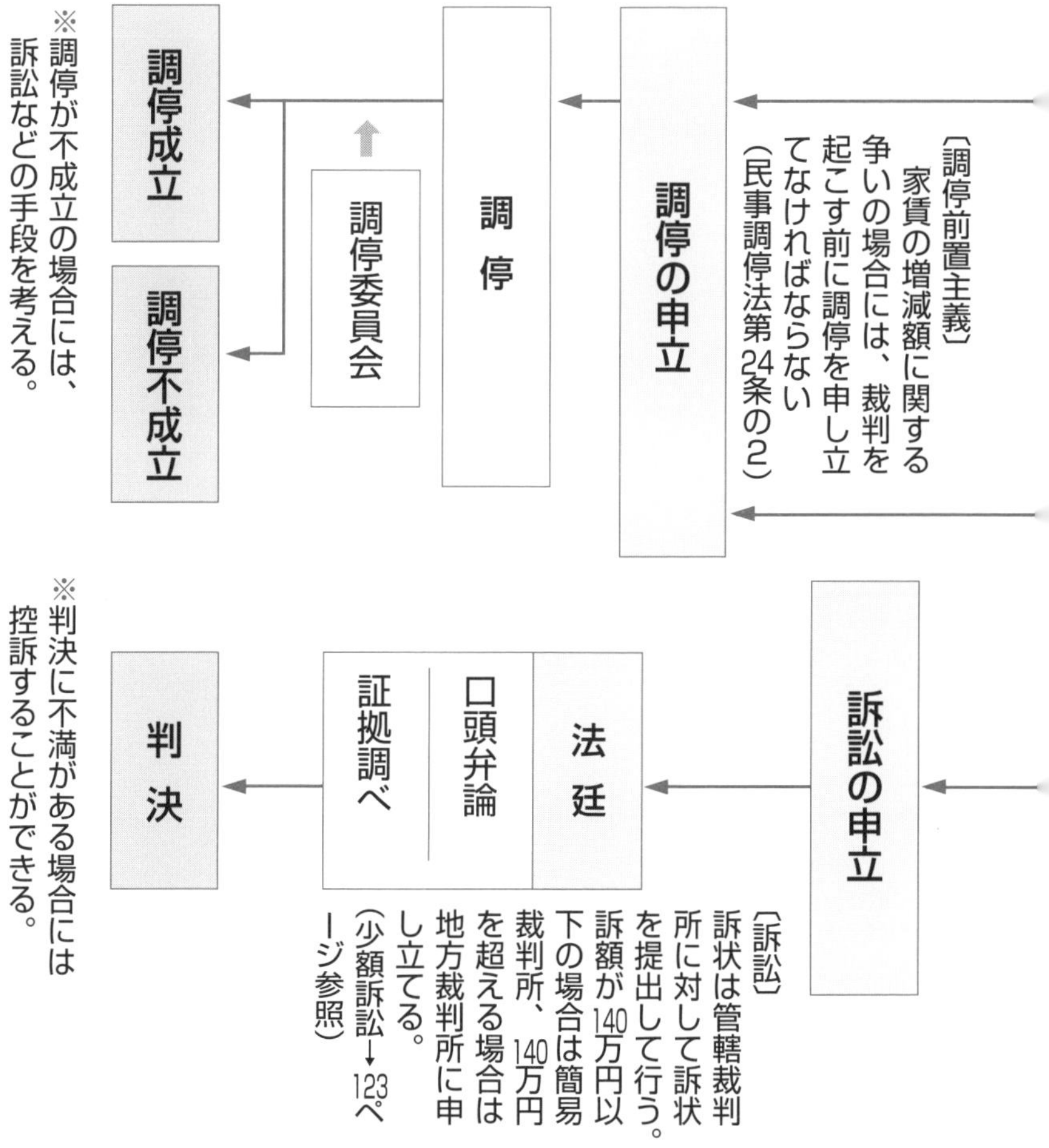

■各種の法的手続き

●**訴訟**　訴訟は、簡単に言えば、争いについて裁判所が白黒の決着をつけるものです。もっとも訴訟中に和解する場合も多くあります。訴訟には、少額訴訟という制度（123ページ参照）もあります。

●**調停**　調停は、裁判所を活用して紛争当事者が話し合う場だと思ってください。話合いで合意が得られれば、調停調書が作成され、これは判決と同様の効力を有します。

●**その他**　訴え提起前の和解（124ページ下段参照）、あるいは訴訟関連の手続きとして支払督促の申立（126ページ参照）、強制執行などがあります。

1 家賃増減額請求のトラブルと解決法

家賃は他人の建物を借りて利用する対価として支払われる金銭です。契約で定められますが、契約成立後でも一定の場合には、増減額請求が認められています。

家賃の増減額請求の手続き

契約で定めた家賃でも、事情によってはその後に額を変更することもできます。額の変更について、当事者間で話し合いがつかない場合には、まず、簡易裁判所に調停の申立を行います。調停をしないで、いきなり訴えを提起しても原則として調停に付されることになります（調停前置主義）。

調停で当事者の合意ができた場合には、調停調書が作成され、この調書は判決と同じ効力を持ちます。

一般の調停の場合には、合意ができなければ調停は不調ということで終ります。しかし、家賃の増減に関する調停の場合には、特別な手続きが認められています。

調停委員は、合意が成立する見込みがない場合や、成立した合意が相当でないと認めた場合には、調停申立後に当事者間において調停委員会の定める調停条項に服する旨の合意（書面）がある場合に限って、適当な調停条項を定めることができるのです。そして、その調停条項が調停調書に記載されると、調停が成立したものとみなされるのです（民事調停法24条の3第1項）。

この記載は、裁判上の和解と同じ効力を持つものとされます（民事調停法24条の3第2項）。

家賃と供託

家主からの家賃の増額請求に対して、借家人が増額に応じず、それまでどおりの家賃の額を払おうとしても家主が受け取らない場合があります。

こうした場合には、借家人が供託所（法務局・支局・出張所）に供託することで、債務不履行責任を問われることを回避することができます（67ページ下図参照）。

（調停の成立・効力）

民事調停法第16条　調停において当事者間に合意が成立し、これを調書に記載したときは、調停が成立したものとし、その記載は、裁判上の和解と同一の効力を有する。

■図解49・家賃のトラブルと解決手続き■

★家賃の増減額のトラブルは、まず簡易裁判所に調停を申し立てる。

●家賃の増減を請求できる場合●
（借地借家法32条第）

①土地・建物の租税公課の増減
②土地・建物の価格の上昇・低下等の経済事情の変動
③近傍同種の建物の家賃等の比較

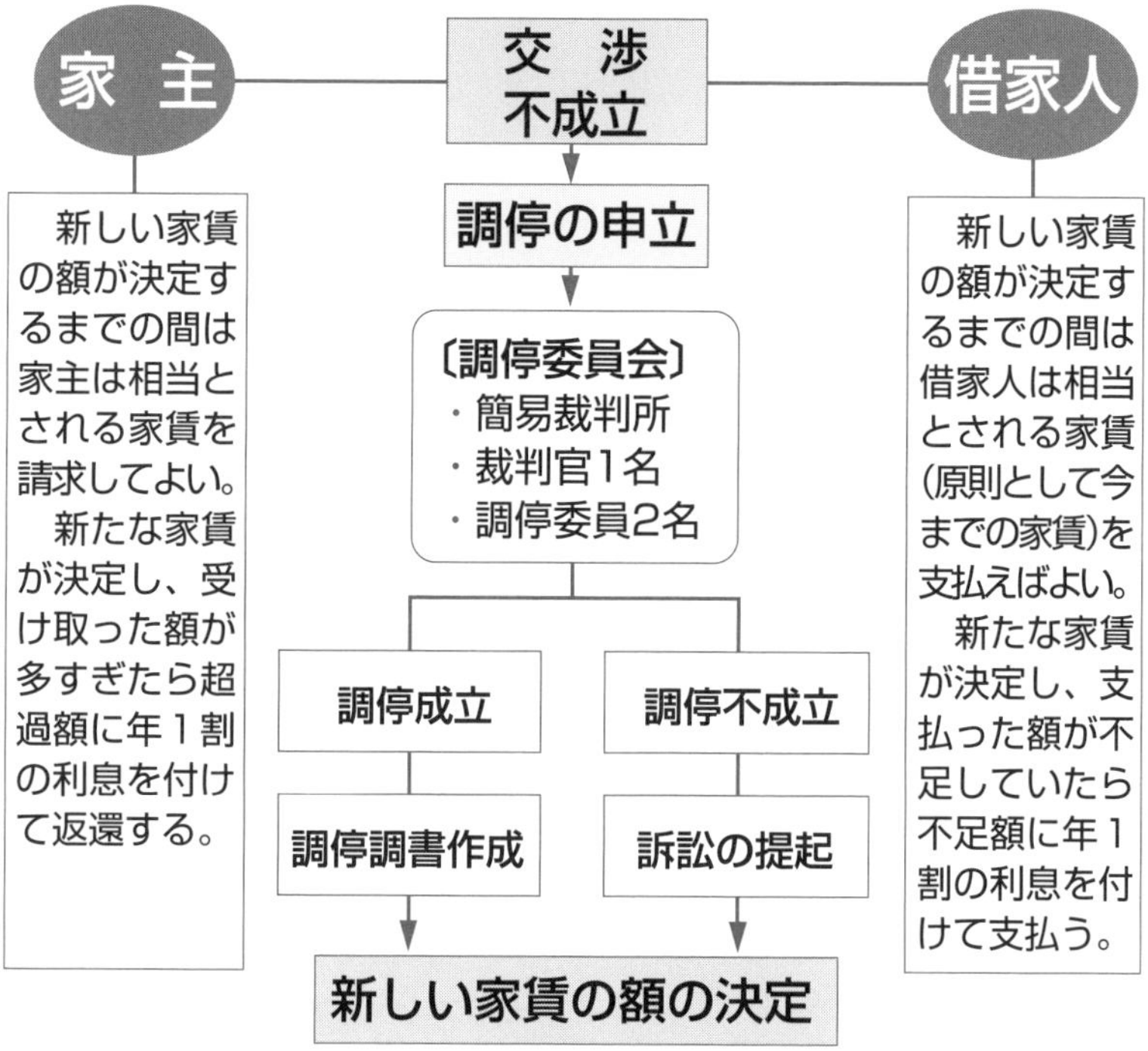

■家賃の増額または減額について、当事者の合意が得られないときは、訴訟を起こす前に、必ず調停を申し立てなければなりません（調停前置主義、民事調停法24条の2）。

なお、借家人が今までの家賃を払おうとしても、家主が受け取らないときは、借家人は、契約で定められた家賃の支払場所を管轄する供託所に今までの賃料を供託しておけば、家賃の滞納にはならず、滞納による責任を負わされることはありません。

供託の手続きは、供託書の用紙に必要事項を記入し、家主の住所・氏名を記載して郵便切手を貼った封筒を添付して窓口に提出します。これによって供託所から、供託通知書が家主に送付されます（67ページ下図参照）。

2 契約違反のトラブルと解決法

契約違反といってもさまざまなものがあります。借家契約の違反で主なものは、家賃の不払い、使用目的違反、無断転貸、近隣への迷惑行為などでしょう。

家賃の滞納と契約解除

家賃の滞納は、借家契約の債務不履行（履行遅滞）に当たります。民法上は履行遅滞があった場合には、家主は相当の期間（借家人が金銭を調達してくるための期間）を定めて家賃を支払うように催告をし、それでもなお、支払いがないときは、契約を解除できることになります。しかし、そう簡単に解除できないことはすでに述べたとおりです（64ページ参照）。

家賃の滞納があった場合には、いきなり契約の解除を求めるよりも、何とかして未払い分を回収することを考えるべきです。

家賃も金銭債権ですから、一般の債権回収と同様に、簡易裁判所を通して支払督促の制度（126ページ参照）を利用するなどの手続きが可能です。

しかし、借家契約の場合には、未払い分の支払いがされたら、その後も家主と借家人として契約関係が継続しますから、あまり事を荒立てるのは得策ではありません。裁判所を利用するのでも、調停を利用して、調停委員を交えて話合いで決着を図るなどの配慮も必要でしょう。

契約解除と明渡し

借家契約で定められた建物の使用方法に違反した場合や、家主の承諾なしの賃借権の譲渡や転貸については、借家契約の解除の問題が出てきます。大雑把に言えば、借家人に信頼関係を破壊するような違反行為があれば、借家契約を解除できることになります。したがって、軽微な違反では信頼関係が破壊されたとはいえず、契約解除はできません。

契約解除、明渡しに借家人が応じない場合には、調停あるいは訴訟といった法的手段をとることになります。

家賃の滞納があったときに、家主や保証会社が催告状や督促状を張り紙として借家入口などに貼り付ける行為は、不法行為となる可能性がある。家賃の支払い状況はプライバシーに関する情報であり、張り紙により不特定人に知られる状態にすることは、名誉を毀損する違法な取立となる（大阪地裁平成22年5月28日）。

■図解50・契約違反のトラブルと対処法■

★相手方の契約違反では、迅速に手を打つこと。

●借家人が行った違反行為の種類	●家主が取るべき手段
❶ 家賃の不払い	・一定の期間を定めた支払いの催告 ・支払督促の申立 ・契約解除通知 ・調停・訴訟の申立

■**家賃の不払いと対処方**　家賃の不払いがあった場合には、まず、滞納した家賃を一定の期日までに支払うように催告するのが普通です。この催告は口頭で行っても構いませんが、後日に訴訟で争われた場合には、家主は催告をしたことを証明する必要がありますから、必ず内容証明郵便を利用すること。

●借家人が行った違反行為の種類	●家主が取るべき手段
❷ 使用目的違反 無断増改築	・契約違反による契約解除通知 ・工事中止の仮処分 ・調停・訴訟の申立

■**使用目的違反と対処方**　賃貸借契約においては、賃借人は契約や目的物の性質により定まった用法にしたがった使用をしなければならない（民法第616条、594条）。これに違反した場合で、信頼関係を破壊するような違反であれば、家主は契約を解除することができる。

●借家人が行った違反行為の種類	●家主が取るべき手段
❸ 無断譲渡 無断転貸	・契約解除通知 ・調停・訴訟の申立

■**無断譲渡・転貸と対処方**　この場合にも、信頼関係を破壊するようなものであれば、契約の解除が可能。

●借家人が行った違反行為の種類	●家主が取るべき手段
❹ 近隣への迷惑行為	・保管義務違反による契約解除通知 ・信頼関係破壊による契約解除通知 ・調停・訴訟の申立

■**近隣への迷惑行為と対処方**　迷惑行為があった場合には、契約を解除できる旨の特約がある場合には、その特約に基づいて契約の解除ができる。特約がない場合には、借家人の借家の保管義務違反・信頼関係の破壊を理由に契約を解除することが考えられる。

3 更新をめぐるトラブルと解決法

借家契約の更新に関して最も問題となるのは正当事由の判断です。家主の側から更新を拒絶するには、かなり厳しい条件が付されています。

更新しない旨の合意

借家契約を締結する際には、多くの場合は貸す側の方が強い立場にあるようです。そこで、家主の事情によっては、貸した建物が借家期間満了によって必ず返却されるように、契約書に「更新を認めない」などという条項（特約）を入れることがあります。

このような特約は、借家人に不利な特約として無効となります。これは、最初の存続期間が満了した後に、更新契約の際に「更新は今回に限る」という特約を付した場合でも同じです。

ただし、定期借家契約の場合は期間の満了で契約は終了し更新はありません。

立退料の支払いと更新拒絶

正当事由の判断の際に、家主からの「建物の明渡しと引換えに借家権者に対して財産上の給付をする旨の申出」が問題になることがあります。

ここでいう財産上の給付とは一般に言う立退料のことですが、立退料を支払えば、それで更新を拒絶できるというものではありません。立退料の支払いは、あくまで補助的な正当事由の一要素に過ぎないからです（100ページ参照）。

更新拒絶と裁判手続き

家主は更新を拒絶したいが、借家人は更新を認めて欲しいという場合には、まず話し合うことですが、話合いがつかなければ、法的手続きによって解決するしか方法がありません。

結局は、家主が建物明渡しの調停あるいは訴訟を起こすことになります。

訴訟になった場合には、裁判所は家主に正当事由があるかどうかの判断をすることになります（98～101ページ参照）。

（建物明渡し請求事件）

更新拒絶による建物の明渡しで争いになった場合には、家主の借家人に対する調停や訴訟での請求は、建物明渡し請求ということになります。そして調停や訴訟の場では、正当事由の有無などについて争われることになります。

■図解51・更新の拒絶・更新料のトラブルと解決法■

★更新をめぐるトラブルには、更新拒絶の問題と更新料の支払いに関するトラブルがある。

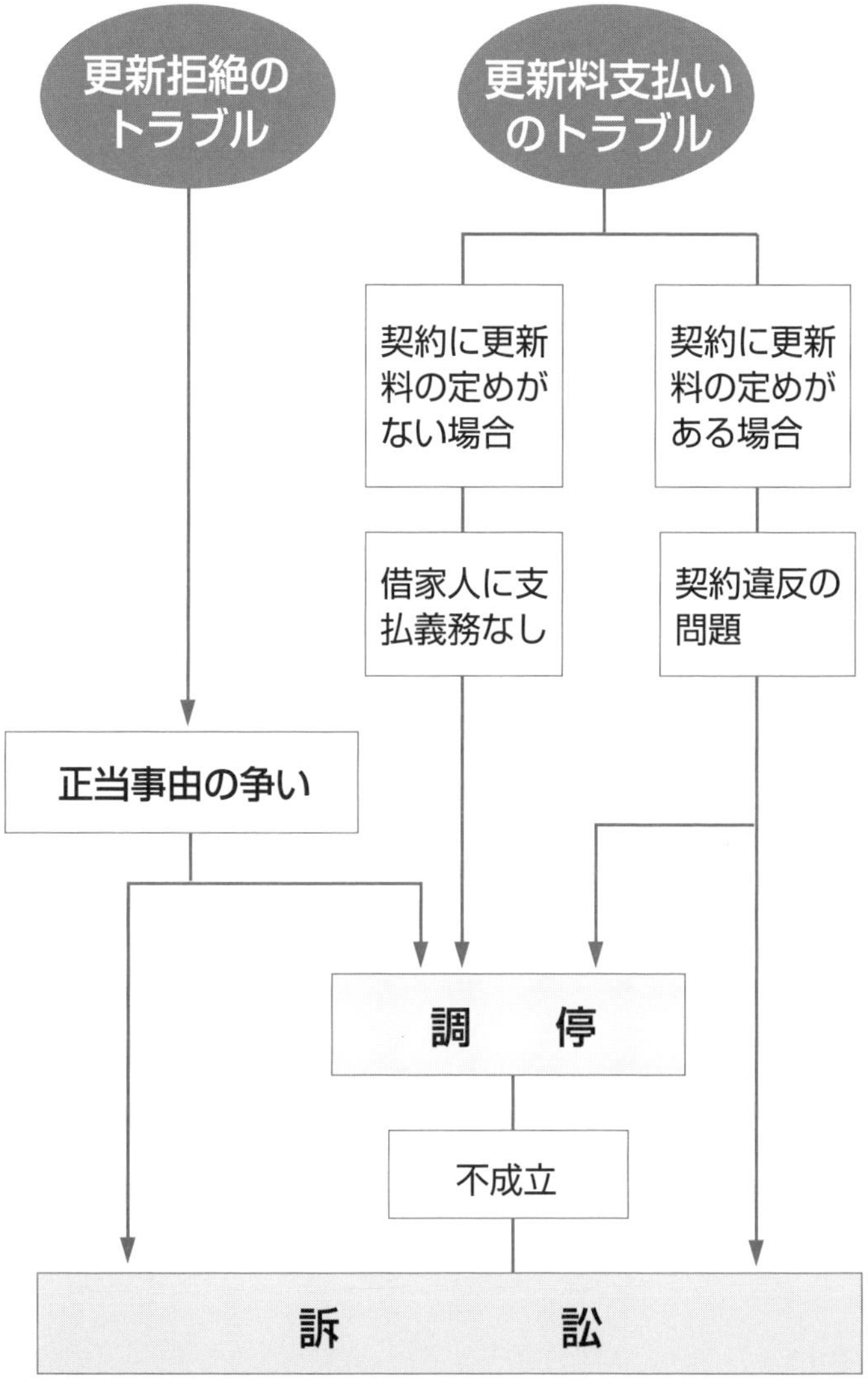

※正当事由については98ページ参照。
更新料の支払いについては94ページ参照。

4 明渡しをめぐるトラブルと解決法

借家契約が終了する場合に問題になるのは、立退料の算定、造作買取請求権の有無、造作買取が認められた場合の買取額の算定などです。

立退料の算定

立退料は、借家契約の更新拒絶や家主からの解約申入れの際に、家主に正当事由が不足しているときに、正当事由の補完として支払われる金銭です。

立退料を算定する場合には、借家権価格と併せて借家が営業用に利用されていた場合の営業補償が問題になります。

借家権価格の算定は本来は、土地鑑定委員会が設定した不動産鑑定評価基準に基づいて行われるものですが、それによれば「慣行的に取引の対象となっている当該経済的利益の全部または一部」とされています。具体的には、比準方式、収益還元方式、割合方式などの算定方法がありますが、明確な基準はなく、専門家である不動産鑑定士に相談するのがよいでしょう。

営業補償の額については、これも明確な基準はなく、借家権の価格も含めて話合いで決定されることが多いようです。

造作買取請求権と買取価額

造作買取請求権が認められる場合（106ページ参照）には、その買取価額の算定が問題となります。

この場合の買取価額は建物買取請求権行使時の時価相当額とされています（大審院昭和7年9月30日判決）。

そして、時価とは、建物に付加したままの状態で、造作自体の本来有する価格」（大審院大正15年1月29日判決）とされています。現実問題としては、争いとなれば、鑑定評価を依頼するしかないでしょう。

なお、借地借家法の施行により、造作買取請求は任意規定となり、特約により排除すれば家主は買い取らなくてもよいことになりました。

（借家権の価格） 上記、割合方式とは、土地の更地価格を100として地主、借地人、借家人にそれぞれ帰属する割合を配分する方法です。たとえば、路線価地域での借家権価格は、路線価格（税務上の土地評価額）×借地権割合×借家権割合。この借地権・借家権割合は、相続税評価基準を基にします。

■図解52・更新拒絶・明渡しのトラブルと解決法■

★明渡しの争いでは、正当事由や造作買取請求権が問題となる。

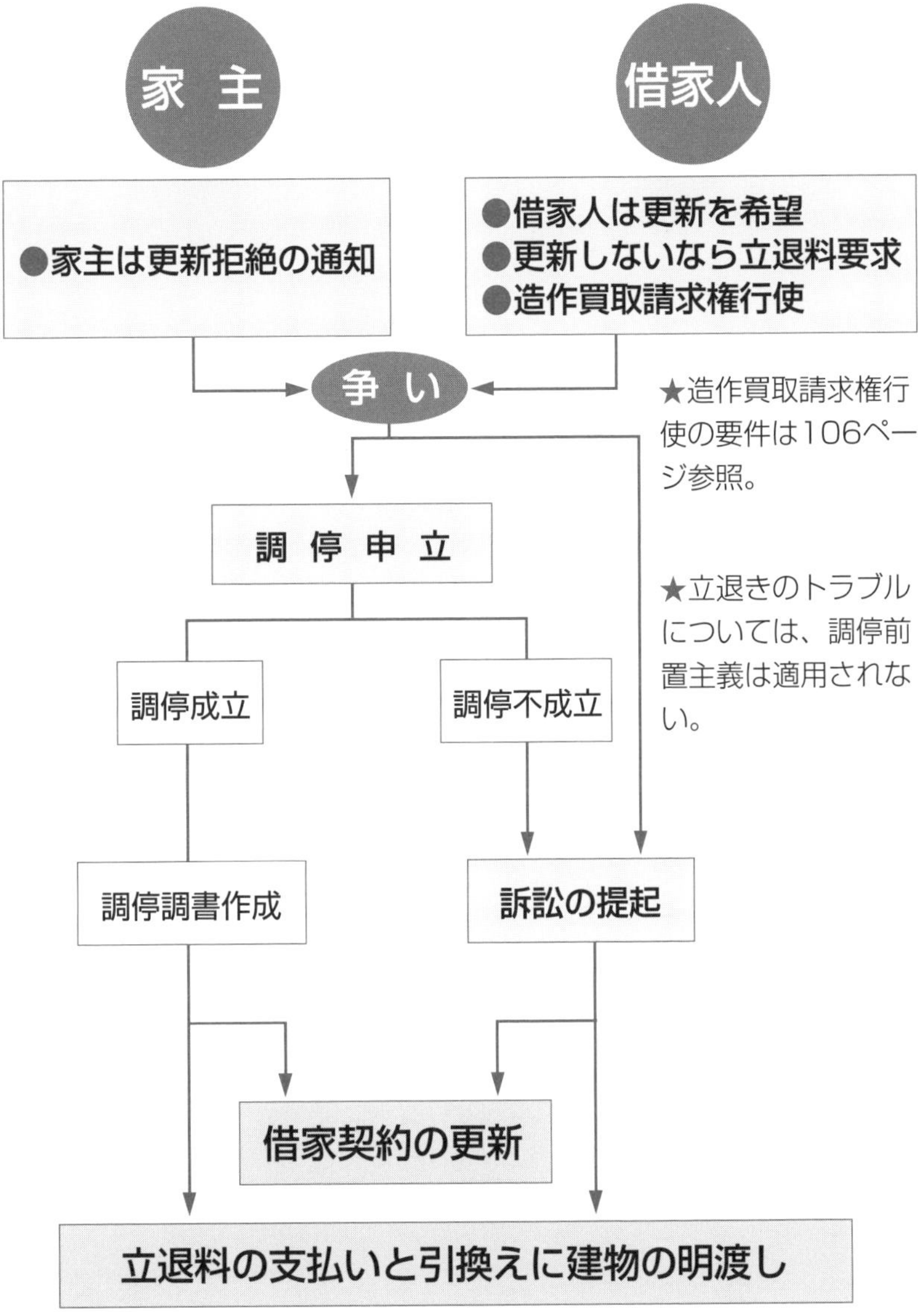

※将来問題となるような場合には、契約書を取り交わしておく。

5 訴訟による解決手続き

訴訟は裁判所という場で、紛争に関するお互いの主張をぶっつけあって、白黒をはっきりさせ、判決によって紛争を解決するものです。

訴訟の起こし方

訴訟は、訴状を裁判所へ提出することから始まります。裁判所には、管轄があり、その事件を管轄する裁判所へ提出しなければなりません。

まず、訴額（訴訟の目的となるものの価格）が140万円以下の場合には簡易裁判所が管轄で、140万円を超える場合には地方裁判所が管轄となります。また、簡易裁判所が扱う訴訟には少額訴訟というものがあり、これは訴額が60万円以下の場合です。

つぎに、申立先は原則として訴える相手の住所地を管轄する裁判所です。借家の紛争については、その借家のある住所地を管轄する裁判所へも訴訟の申立をすることができます。

訴訟の進行

訴訟は前記訴状の提出から始まり、これが裁判所で受理されると、当事者（原告・被告）が呼び出されて法廷が開かれます。

法廷（口頭弁論）では、お互いが主張を戦わす（証人尋問や証拠資料の提出などもなされる）ことになり、こうした法廷が繰り返されて口頭弁論は終結し、判決となります。

なお、こうした訴訟の進行途中で、裁判官が和解を勧めることがあります。これを訴訟中の和解といいますが、和解に応じるかどうかは、当事者の判断次第です。

判決の効力

判決が出てから2週間が経過すると、その判決は確定します。判決に不服な場合には、判決が出てから2週間以内に控訴ができます。

判決が確定すると、その判決をもとに強制執行をすることができます。たとえば、家賃の滞納で勝訴した場合には、借家人の財産の差押え、給料の差押えなどにより強制的に支払ってもらうことができます。

（強制執行）　個人が相手方に直接、義務の履行を強制することはできません。こうした場合、債務名義（判決、和解調書、調停調書、公正証書、仮執行宣言付支払督促など）を得て、裁判所の執行機関に強制執行の申立をすることになります。

■図解53・民事訴訟の流れ■

★訴訟は裁判所に訴状を提出することで始まる。

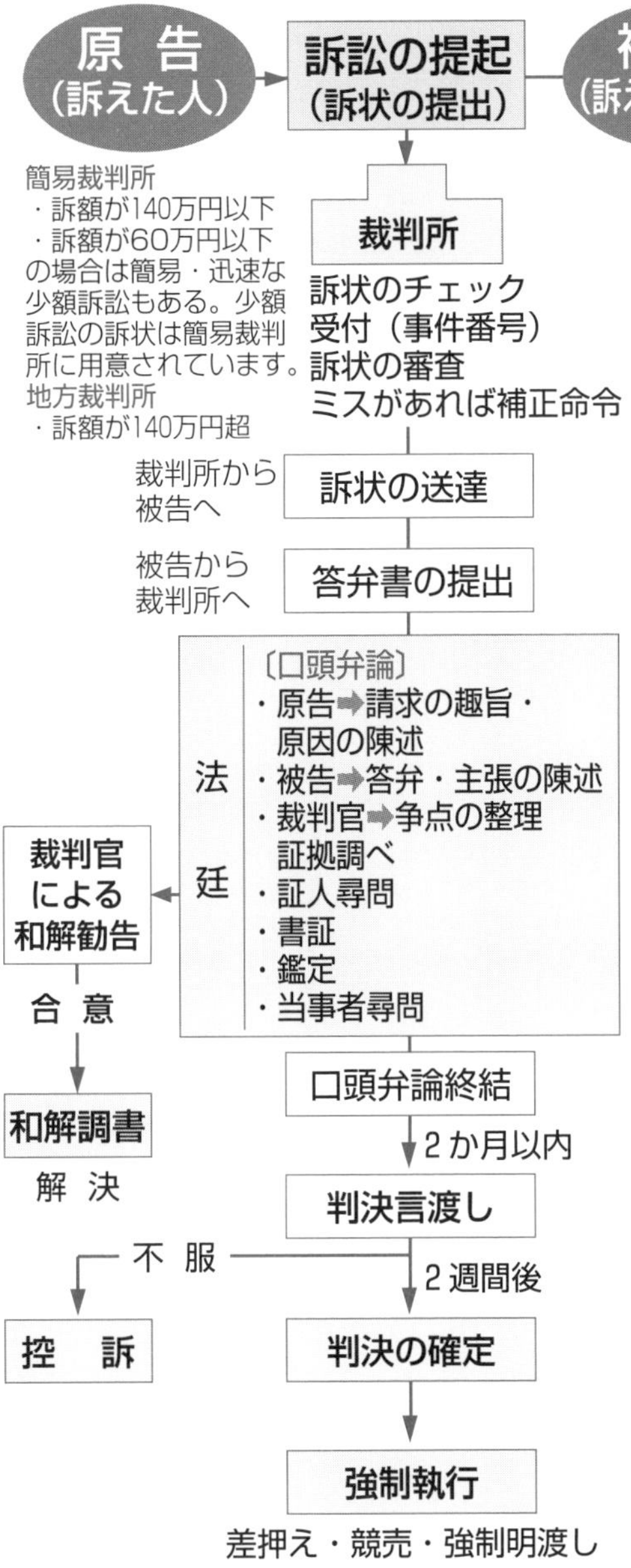

■訴訟申立の手数料

訴訟を求める事項の価格（減額）	申立手数料
100万円までの部分	10万円までごとに1,000円
100万超～500万円までの部分	20万円までごとに1,000円
500万超～1,000万円までの部分	50万円までごとに2,000円
1,000万超～10億円までの部分	100万円までごとに3,000円
10億超～50億円までの部分	500万円までごとに1万円
50億円超の部分	1,000万円までごとに1万円

※この他に連絡用の予納郵券が必要

■少額訴訟手続きの流れ■

60万円以下の金銭の請求に関する紛争が発生

⬇

原告が簡易裁判所に訴状を提出

⬇

裁判所が訴状を受理し、第1回期日が指定される

⬇

第1回期日の開始

審理

◆双方の主張を聴く（口頭弁論）

◆証拠調べ・証人調べ

判決・和解

※被告は、第1回期日に、通常訴訟に移行するように請求することもできます。

※判決に不服があれば、その判決をした裁判所に異議申立をします。異議申立があれば通常の訴訟に移行します。

6 調停による解決手続き

調停は紛争の当事者が裁判所で専門家（裁判官・調停委員）を交えて話し合い、お互いが合意することにより紛争を解決するというものです。

借家紛争と調停の活用

家賃の増減額について家主と借家人の話合いが付かない場合には、いきなり訴訟を起こすのではなく、その前に調停を申し立てなければなりません。争い終了後も当事者は契約関係を継続していくのですから、訴訟でやり合うことはできるだけ避けようということなのです。その他の一般的な借家紛争であれば、いきなり訴訟を起こすこともできます（例外として、借家権をめぐる親族間の相続紛争であれば家事調停の申立をします）。

調停の申立と話合い

調停は、原則として相手方の住所地を管轄する簡易裁判所に申し立てます。申立書は裁判所に用意されています。

調停の申立がされると、裁判所から相手方に対して呼出し状が送達され、相手方が出頭して話合いが始まります。話合いといっても、原則として当事者が相対して話し合うことはなく、両者別々に呼び出されて、それぞれが調停委員に自分の主張を話すのです。

調停手続きは裁判官1人と、調停委員2人（調停委員会）によって行われ、1回で話合いがつかない場合には、数回に分けて行われます。

調停調書の作成

調停委員は双方の主張を聴いて、アドバイスするなどして意見の調整を図ります。そして調停案を出してくれます。この案に当事者が合意した場合には、調停調書が作成されます。この調停調書は裁判における判決と同じ効力を持ち、これに執行文の付与を受ければ強制執行も可能です。

当事者が互いの主張を譲らず、話合いが不調に終わった場合には、訴訟を提起することができます。

（訴え提起前の和解）　紛争当事者は裁判を起こす前に、裁判所（簡易裁判所）に和解の申立をし、裁判所の勧告により成立した内容を調書に記載してなす和解で、即決和解ともいいます。現実には、民事執行のために債務名義（和解調書）目的のために利用されているようです。

■図解54・民事調停の流れ■

★訴訟よりも事を荒立てなくてすむ。

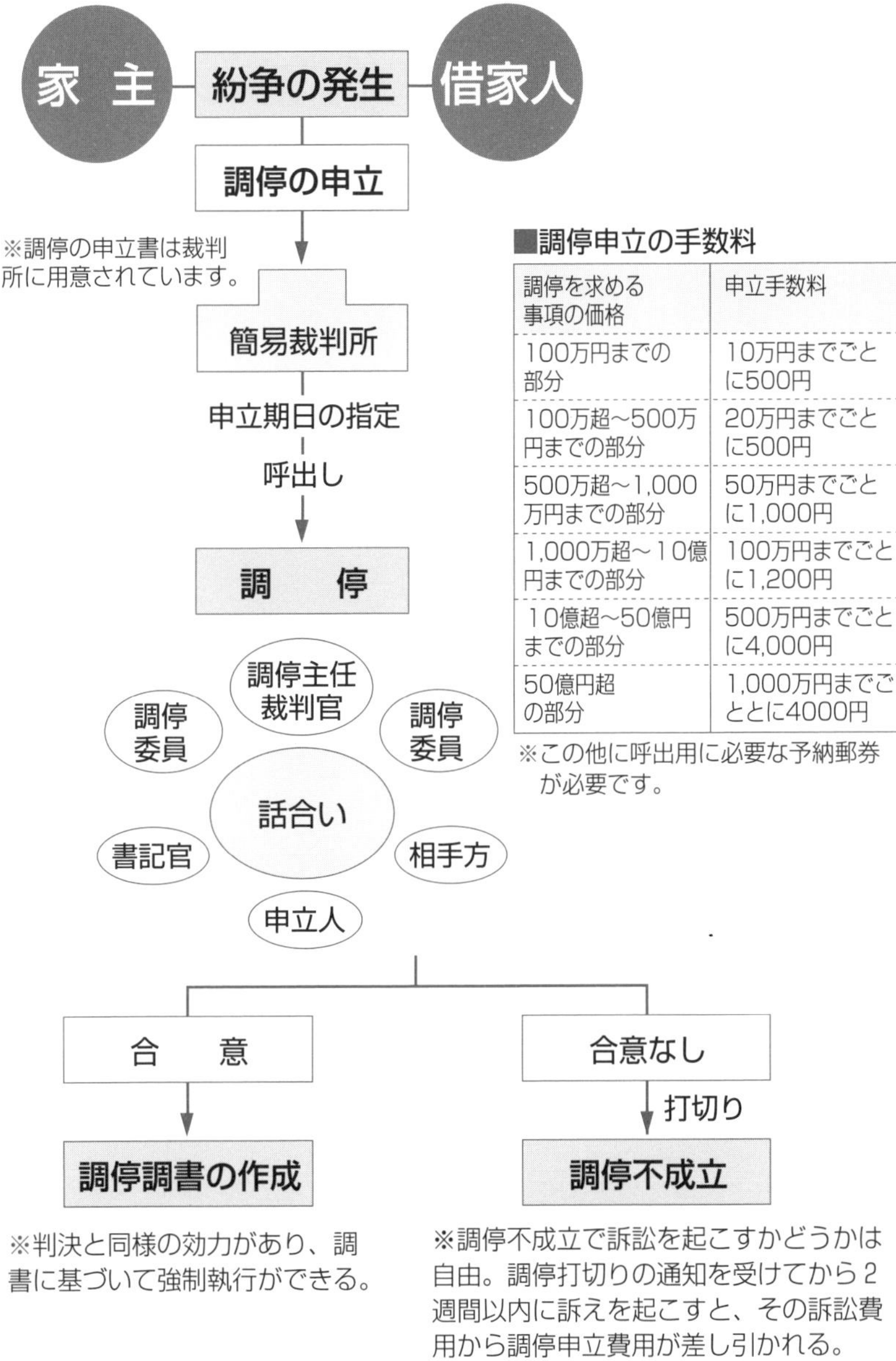

■調停申立の手数料

調停を求める事項の価格	申立手数料
100万円までの部分	10万円までごとに500円
100万超～500万円までの部分	20万円までごとに500円
500万超～1,000万円までの部分	50万円までごとに1,000円
1,000万超～10億円までの部分	100万円までごとに1,200円
10億超～50億円までの部分	500万円までごとに4,000円
50億円超の部分	1,000万円までごとに4000円

※この他に呼出用に必要な予納郵券が必要です。

支払督促の申立と手続き

借家人が家賃を滞納しているような場合や、家主が敷金を返還してくれない場合には、内容証明郵便による督促の他に、裁判所をとおして支払督促の制度を利用するのも効果的です。

支払督促とは、裁判所が、債務者に対して、金銭債権などを支払えという督促をする制度です。支払督促は、債権者が、相手方の住所地を管轄する簡易裁判所の書記官に申立をすることによって行います。支払督促の対象は「金銭その他の代替物または有価証券の一定料」を目的とする請求権だけです。

■支払督促の手続きの流れ■

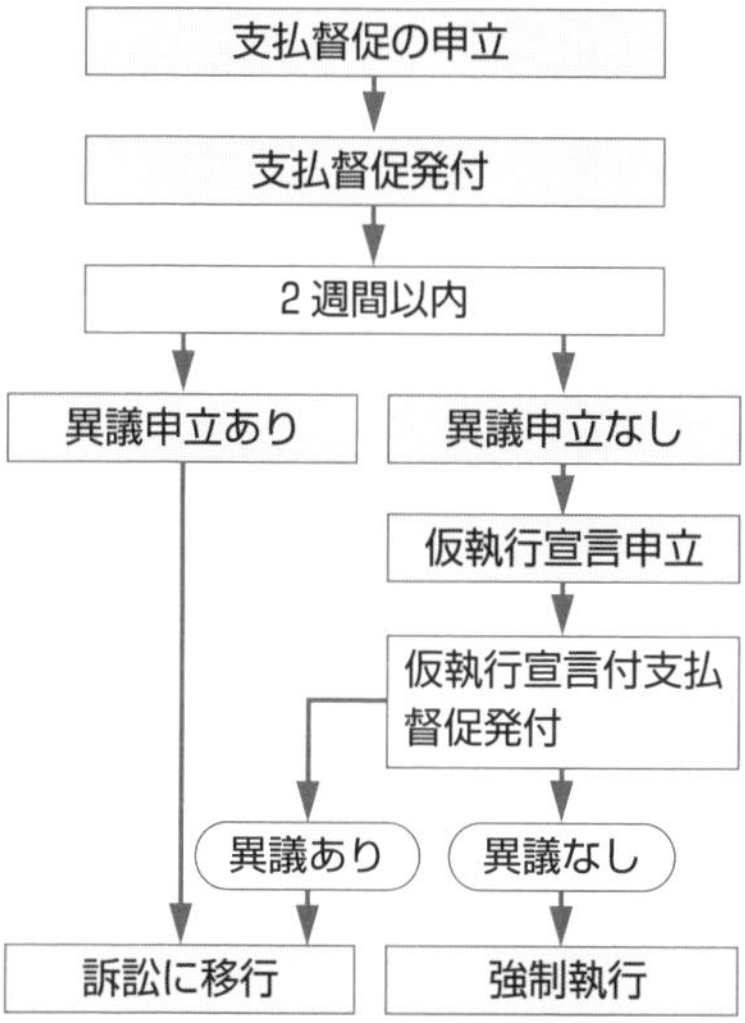

支払督促は訴訟を提起する場合の手数料の半額と債務者１人当り１１２５円分の郵便切手を貼った無地の封筒、郵便ハガキ（東京簡裁）が必要です。申立書を受理した裁判所は、債務者側の事情を聴くこともなく、書類の審査だけで督促が発付されます。

債務者が支払督促を受け取ってから2週間以内に異議申立をしない場合には、債権者は仮執行宣言の申立をします。

そして、この決定が出て、さらに2週間以内に債務者から異議申立がなければ、債権者は債務者の財産に対して強制執行することができるのです。

なお、債務者から2週間の期間内に異議申立があれば、正式な裁判に移行します。

♧賃貸住宅・貸店舗などでは法律や契約内容の解釈をめぐって多くの判例が出されています。

第5章

賃貸住宅に関する重要判例30

◆借地借家法(旧借家法)適用の有無の判例

判例1　鉄道の高架下施設の賃借

〔事例〕鉄道（旧国鉄）高架下施設の使用許可を受けている貸主は、営業契約を締結して飲食業を営む借主に貸し付けていた。その後、貸主から経営権を譲り受けたA（新貸主）が営業契約の期間が経過していることを理由に明渡しを求めた。争点は、借家法の適用があるかどうかで、借家法の適用があれば、期間満了後は期間の定めのない賃貸借として更新される。

〔判決〕営業契約は賃貸借であるとした原審を是認した上で、鉄道高架下の施設であっても土地に定着し、周壁を有し、鉄道高架を屋根としており、永続して営業の用に供することが可能であって、また、そこにおける店舗が隣の部分とはブロックにベニヤを貼った壁として客観的に区別されていて、独立的・排他的な支配が可能であれば、借家法にいう建物であって、その賃貸借契約には借家法の適用がある。（最高裁平成4年2月6日判決）

判例2　マーケットの一部の賃借

〔事例〕賃貸人は、自己所有の建物をマーケットとして十数名に貸し、賃借人はそれぞれ各店舗の造作を施し、仕入れも各自で行い、独自の商号や包装紙を使って営業していた。賃貸人は、この建物をより有効に活用しようと明渡しを求め、これに対して賃借人は借家法の適用があるとして、争った。

〔判決〕賃貸人が賃借人を雇ったり、営業を委託したりしているのでなく、賃借人が独自の営業をしているのだから、借家法の適用があるとして、明渡しを認めなかった。（名古屋地裁昭和28年12月23日判決）

判例3　社宅の賃借

〔事例〕会社の従業員である借主は、ある程度の使用料を支払って会社の社宅（寮）に住んでいた。入寮の際には、「雇用関係終了後3か月で明け渡す」という特約を交わしていた。しかし、退職後も居つづけたために、会社は明渡しの請求をした。

〔判決〕会社は相当額の家賃を授受しており、賃貸借に当たるとして、「退職後3か月で明け渡す」という特約は無効であるとし、明渡しを認めなかった。（最高裁昭和28年4月23日判決）

判例4　駅の売店

〔事例〕賃借人は、私鉄駅のプラットホームの一部分を借りて、売店施設を置き、新聞・雑誌などの販売をしていた。ところが、私鉄側から売店収去・土地明渡しの請求がなされた。

〔判決〕駅のプラットホームの一部分は、構造上・経済上独立しているとまではいえないとして、借家法（借地借家法）の適用はない、とされた。（東京地裁昭和31年3月14日判決）

判例5 ケース貸し

〔事例〕賃借人（数人）は、デパートの1階の売場の一部を借りて、貸主に売上金の一部を支払って営業していた。ところが、デパート側は更新に際して、出店契約の更新を拒絶してきた。なお、出店契約には、デパート内の統一を図るために商品などの内容について、デパート側が商品の内容などを指示することができる、などの内容となっていた。

〔判決〕こうした出店契約は、いわゆる「ケース貸し」と言われるもので、本事例では、独立した特定の賃貸借とはいいがたく、借家法（借地借家法）の適用はない、とされた。（最高裁昭和30年2月18日判決）

◆家賃に関する判例

判例6 短期間における賃料の値上げ

〔事例〕家主は、昭和61年10月1日から賃料を月額40万円に改定した。しかし、その1年半後に再び賃料が不相当となっているとして、月額60万円にすることの意思表示をした。

そこで、借家人は賃料増額請求権の発生には、一定の相当期間の経過が必要などと主張した。

〔判決〕賃料の増額請求が認められるには、公租公課の負担の増加、土地または建物の価格の高低、近隣の建物の賃料に比較して不相当となれば足り、一定の期間を経過していないことを理由に、増額請求を否定することは同条（借地借家法32条・旧借家法7条1項）の趣旨に反するとした。（最高裁平成3年11月29日判決）

判例7 賃料増額請求の効力

〔事例〕家主が借家人に対して賃料増額の請求をしたところ、借家人は従来通りの賃料を供託した。これに対して、家主は賃料不払いによる明渡請求の訴訟を起こした。この訴訟において、増額の請求の効力が生じるのに借家人の承諾が必要かどうかが問題となった。

〔判決〕家賃増減の請求は形成的効力を有し、請求者の一方的意思表示が相手方に到達した時に同条（借地借家法32条、旧借地法7条）所定の理由が存するときは、家賃は以後相当額に増額されたことになるとした。（最高裁昭和36年2月4日判決）

判例8 家主の交代と賃料滞納を理由の解約

〔事例〕借家人は家賃3か月分を滞納していた。家主は、この借家を売却、賃借人が滞納している3か月分の賃料も債権譲渡の方法で買主（新家主）に譲渡した。

その後、新家主が滞納家賃の支払いを請求したが、借家人は支払わなかったので、借家契約の解除と建物明渡しの申立をした。

〔判決〕家主が交代しても滞納家賃は旧家主のものであるが、債権譲渡により新家主に移っており、借家人がなお滞納を続けるときは、新家主は、譲り受けた滞納分だけを理由として契約を解除できるとした。（最高裁昭和39年6月26日判決）

◆債務不履行等に関する判例

■判例9　アパートでの犬の飼育と更新拒絶

〔事例〕借家人は5階建アパート（約20世帯が入居）の4階部分の一室を借りた。その後、家主の承諾なしにベランダで2匹の犬を飼い始め、そのため付近の住人から苦情が相次いだ。

賃貸人は、再々飼育の中止を申し入れたが、聞き入れてもらえず、契約の更新を拒絶した。

〔判決〕借家人の行為は、共同住宅の居住者として身勝手すぎるとして、不信行為を理由に正当事由があるとして、更新拒絶による明渡しを認めた。（東京地裁昭和54年8月30日判決）

■判例10　悪臭・騒音を理由とする解約申入れ

〔事例〕借家人は染色業者で、作業中に騒音や悪臭を生じさせていた（騒音は特に不快というものではなかった）。付近の住人から苦情が出て、立ち退かせるようにと要望を受けた家主は、解約を申し入れたが、聞き入れてもらえず、契約の更新を拒絶した。

〔判決〕借家人の悪臭・騒音は、借家人の営業からして通常の程度であること、家主に直接の害が及んでいないこと、住民にもそれほどの害がないことなどを理由に正当事由を否定して、解約を認めなかった。（京都地裁昭和46年5月14日判決、近隣妨害の程度次第では、正当事由が認められる場合もある）

■判例11　公営住宅での無断増改築と契約解除

〔事例〕借家人は都営住宅に家族とともに生活していたが、子どもの成長にともなって手狭になったことから、庭先に無断で建物を増築した。これに対して、貸主である都は無断増改築にあたるとして明渡しを求めた。争点は公営住宅法の適用のある都営住宅に、民法および借地借家法(旧借家法)の適用があるかであった。

〔判決〕公営住宅法及びこれに基づく条例が借地借家

法に優先して適用されるが、特別な規定がない限り、原則として一般法である民法及び借地借家法の適用があり、その契約関係を規律するについては、信頼関係の法理の適用がある。ただし、本件の事例は、信頼関係を破壊するとして明渡しを認めた。（最高裁昭和59年12月13日判決）

■判例12 約定更新料の不払いと契約解除

〔事例〕家主と借家人は期間満了時に更新する場合、新家賃の1か月分と同額の更新料を支払う旨の契約があった。ところが、借家人は期間満了に際して、貸主からの協議申入れに応じず、法定更新したにもかかわらず更新料の支払いをしなかった。そこで、貸主は賃貸借を解除し、建物の明渡しを求めて訴訟となった。

〔判決〕本件更新料のような賃料の一部たる実質に徴すると、その義務は、賃借人（借家人）として重要な責務であるというべきである。すなわち賃借人が、右更新料を催告にもかかわらず支払わないことは、解除原因とするに足る債務不履行である。（東京地裁昭和57年10月20日判決）※更新料特約の有効・無効についての最高裁判所判例は94ページ参照

■判例13 無断転貸による解除と転借人の家賃不払い

〔事例〕借家人は、家主に無断で建物を又貸しした。これを知った家主は無断転貸を理由に借家人に対して契約解除の意思表示をし、転借人（又借人）に対しては建物の返還を求めた。こうした事情のもと、転借人は賃料の支払いを拒絶した。

〔判決〕不動産の明渡しを求められた場合には、賃借不動産を使用・収益する権限がなくなるおそれが生じたものとして、明渡請求を受けた以後は、賃貸人に対する賃料の支払いを拒絶することができるものとするのが相当であるとした。（最高裁昭和50年4月25日判決）

◆家主・借家人の交代に関する判例

■判例14 内縁の妻の賃借権の承継

〔事例〕借家人は内縁の妻および長男（他にも相続人あり）を残して死亡し、その後、賃料の滞納があったので家主は明渡しを求めた。争点は、内縁の妻の相続権と賃料支払義務の有無であった。

〔判決〕内縁の妻は相続人でないから、相続人である長男の賃借権を援用して、本件家屋に居住することができるとし、また、賃料支払義務については、本件家屋の共同相続人ではないから、内縁の妻には支払義務はないとした。（最高裁昭和42年2月21日判決）

■判例15 競買人（新家主）からの明渡請求

〔事例〕賃貸人には借金があり、その返済を滞納していたために、債権者は賃借人が住んでいる建物に強制執行し、競売された。その後、建物を取得した競落人が建物の明渡請求をした。

〔判決〕賃借人は建物が競売される前に、その建物の引渡しを受けているのだから、賃借人は借家権を主張できるとした。（大審院昭和3年10月12日判決）（詳しく言えば、建物の引渡しが、競売申立の登記がなされたとき、あるいは競売開始決定が送付されたときより前にあることが必要。東京高裁昭和34年11月13日）。

判例16　敷金の新家主への承継

〔事例〕家主と借家人間の家屋賃貸借は期間満了により終了したが、借家人からの明渡しがないままに、この家屋を譲渡した。その際、借家人から家主に差し入れてあった敷金も返還義務の承継が行われた。

一方、借家人には借金があり、その債権者（貸主）は敷金返還請求権の差押転付を受け、支払いを求めた。

〔判決〕敷金に関する法律関係は賃貸借継続中の賃貸家屋の譲受人には承継されるが、賃貸借契約終了後に家屋が移転し賃貸借契約自体が新所有者に承継されるものでない場合には、敷金に関する権利義務関係が新所有者に承継されるものではないとした。（最高裁昭和48年2月2日判決）

判例17　所有権移転の仮登記と借家権

〔事例〕借家人は、家主から建物を賃借して住んでいたが、その建物の登記簿を見ると所有権移転の仮登記があった。そして、後日、本登記をしたこの建物購入者が、建物の明渡しを請求してきた。

〔判決〕仮登記が借家人に対する建物の引渡しよりも先になされたものであれば、本登記が建物引渡しより後であっても借家権は否認できるとして、明渡しを認めた。（最高裁昭和33年11月13日判決）

判例18　借地上の建物の賃貸と借地権の解除

〔事例〕家主は借地上に建物を建てて貸し付けていたが、地主に無断でこの建物を借地権と共に売却したことから、無断譲渡を理由に借地契約を解除された。そこで、借地人（家主）は建物買取請求権を行使し、その結果、建物の所有権は地主（新家主）に移り、新家主は、借家人に対し建物の明渡しの請求をした。

〔判決〕建物買取請求権が行使されて、借家の所有者が借地人（家主）から地主（新家主）に移ったとしても、借家人は新家主（地主）対して、借家権を主張できるとした。（最高裁昭和43年10月29日判決）

判例19 税金の滞納による公売処分と借家権

〔事例〕借家人は、家主から建物を賃借して住んでいたが、地主が税金を滞納し、公売処分された。その後、これを買い受けた者が、建物の明渡しを請求してきた。

〔判決〕借家人は公売処分で購入した者に対して、借家権を主張できる。ただし、国が差押えの登記をしたとき、または滞納差押書が交付されたときよりも前に、借家人が建物を引渡しを受けていることが必要とした。（最高裁昭和30年11月25日判決）

判例20 短期賃貸借と抵当権の実行

〔事例〕借家人は抵当権のついている家屋を借家期間3年の約束で借りた。ところが、その期限前に抵当家屋が差し押さえられ、明渡しを請求された。

借家人は法定更新されていると主張した。

〔判決〕短期賃貸借にも一般的には借地法・借家法の適用を妨げないが、抵当権実行の差押えの効力が生じた後に期間が満了したような場合には借地法6条、借家法2条の適用はなく、その更新を抵当権者に対抗できない。（最高裁昭和38年8月27日判決）なお、本判決等により短期賃貸借保護の民法の規定は廃止された。

判例21 建物の不法占有と抵当権者からの立退請求

〔事例〕国民金融公庫（現国民生活金融公庫）からの借入れに際して、借主は自分が所有する土地建物に抵当権を設定した。そして、返済ができなかったことから、不動産競売の手続きがとられたが、本件建物に不法占有者がいたために買受けの申出がなかった。

そのため、国民金融公庫が、本件建物の所有者の妨害排除請求権を代位行使して、建物の明渡しを求めた。

〔判決〕優先弁済請求権を保全するため、家主の不法占有者に対する妨害排除請求権を代位行使し、本件建物を管理することを目的とし、明渡しをすることを求めることができる。（最高裁平成11年11月24日判決）

◆更新拒絶と正当事由の判例

判例22 建物の老朽化と明渡し請求

〔事例〕賃貸人（家主）は、東京都の銀座にあるビルの老朽化に伴う建て替えを計画。敷地の有効利用を理由として、建物賃貸借の解約を賃借人（借家人）に申し入れ、その際、立退料8億円の提供を申し出た。

〔判決〕建物の老朽化に伴う有効活用および8億円の立退料の提供により正当事由を具備するとして、明渡請求を認めた。（東京地裁平成3年5月30日判決）

判例23 息子の居住用のための解約の申入れ

〔事例〕家主は、自分の子が将来結婚した時に住居とする目的で本件物件を購入、こうした事情から、賃貸期間、敷金が定められた。一方、借家人は、店舗兼住居として建物を使用していた。

その後、息子が結婚したことから、明渡しを求めた。

〔判決〕借家人は、本件物件と同程度の借家を容易に見つけられる。借家人の移転に伴う損失は、移転通知することで回避でき、これの費用相当額（100万円）の立退料支払いで正当事由は補強されるとして、明渡しを認めた。（東京地裁昭和55年2月20日判決）

■判例24　介護のために使用するための解約申入れ

〔事例〕家主夫婦は高齢で通院および入院中であり、目的建物（隣地にある）に娘を住まわせる必要があるとして明渡しを求めた。

一方、賃借人は、この建物を倉庫として使用しているが、近隣に代替建物はないと主張した。

〔判決〕貸主・借主、いずれも使用の必要性あるが、借主の事態の深刻さの程度は貸主に劣り、立退料の提供により正当事由が具備される。立退料の額は、約3年分の賃料に当たる100万円とした。（大阪地裁昭和59年11月12日判決）

■判例25　地上げ屋による立退料の提供と明渡し

〔事例〕家主から建物を買いとった地上げ屋が、借家人に3000万円の立退料を提供して借家人に立ち退きを請求した。借家人の家賃は1か月5万円であった。

〔判決〕借家人の被るすべての経済上の出費および損失を補償しなければ正当事由は認められない。3000万円の立退料の提供では、正当事由は補完されないとした。（東京地裁昭和62年7月22日判決）

■判例26　解約申入れ後の立退料の増額と正当事由

〔事例〕家主は借家人に対して、建物の老朽化による建替えのために立退料100万円の提供による解約の申入れを行った。その後、立退料300万円に増額。

原審は、100万円の立退料では正当事由を具備したことにはならないが、300万円では正当事由を具備したことになるとした。これに対して、借主は立退料を増額した時は解約申入れ後であるとして上告した。

〔判決〕立退料等の額の相当性が具体的に判明するのは建物明渡請求訴訟の審理を通じてであり、さらに右金員によって建物の明渡しに伴う賃貸人（家主）および賃借人（借家人）双方の利害得失が実際に調整されるのは、賃貸人が右金員の提供を申し出た時ではなく、建物の明渡しと引換えに右金員の支払いを受ける時であり、解約申入れ後になされた立退料等の提示または増額の申入れであっても、これを当初の解約の申入れ

の正当事由を判断するに当たって参酌するのが合理的である、とした。（最高裁平成3年3月22日判決）

◆借家契約の解約・終了に関する判例

判例27 短期間での解約と権利金の返還請求

〔事例〕貸主（家主）と借主（借家人）の間で店舗の賃貸借契約がなされ、その際借主は権利金を支払った。

その約2年9か月後、この賃貸借契約は合意解除されたが、借主が貸主に対し権利金の返還を求めた。

〔判決〕本件権利金名義の金員は、借主が賃借した店舗の有する特殊の場所的利益の対価として支払われたものであるが、賃料の一時払いとしての性質を包含するものではなく、返還についての特段の合意もなされていないところであるから、本件賃貸借が合意解除され、賃借建物が貸主に返還されたとしても、それだけの理由で右金員の全部または一部の返還を請求することはできない。（最高裁昭和43年6月27日判決）

判例28 背信行為と造作買取請求権

〔事例〕借家人が借家を無断で転貸したために、家主は無断転貸を理由に契約を解除し、家屋の明渡しを求めた。これに対して、借家人は造作の買取請求権を行使し、買取代金の支払いがあるまでは右家屋を留置しうると主張した。

〔判決〕借家法5条（借地借家法33条）は、建物の賃貸借が賃貸期間満了など通常の事由によって消滅した場合について規定したものであって、賃借人の債務不履行ないしその背信行為のために賃貸借が解除されたごとき場合には、その適用をみないとし、造作買取を認めなかった。（最高裁昭和31年4月6日判決）

判例29 造作買取請求の対象となる造作

〔事例〕借家人は借家契約の終了に際し、造作買取請求をした。この中に水洗式便所施設があり、造作に該当するかどうかが争われた。

〔判決〕造作とは、建物に付加された物件で賃借人（借家人）の所有に属し、かつ建物の使用に客観的便益を与えるもので、水洗式便所施設は造作に該当するとした。（最高裁昭和41年7月21日判決）

判例30 賃料不払いによる契約解除と造作買取請求

〔事例〕借家人は家賃を半年分を滞納して、契約を解除され、家屋明渡しを求められた。

そこで、借家人は造作買取の請求をした。

〔判決〕債務不履行による借家契約の終了の場合には、造作買取請求権を認めることはできない。（大審院昭和3年10月12日判決）

〔執筆〕

矢島　忠純（やじま　ただずみ）
昭和 2 年生まれ。中央大学法学部卒業。
昭和 24 年司法試験合格。第二東京弁護士会所属。
非弁護士取締委員会委員、紛議調停委員会委員、法律扶助協会理事、
日本分譲住宅協会法律顧問を歴任。平成 28 年逝去。

豊田　啓盟（とよた　ひろあき）
昭和 30 年生まれ。早稲田大学卒業。
法律ライター。㈲生活と法律研究所研究員。
著書：『全図解わかりやすい借地』『全図解わかりやすい労働契約・
労働基準法』（共著、以上自由国民社）ほか多数。

〔企画・編集〕神木　正裕／真田りえ子

＊本書は第 4 版において「全図解　わかりやすい借家の法律」を改
題し、所要の改訂を加えたものです。

全図解　わかりやすい賃貸住宅の法律

2001 年 9 月 10 日　初版第 1 刷発行
2020 年 8 月 28 日　第 5 版第 1 刷発行

著　者　矢島忠純
　　　　豊田啓盟
企画・編集　㈲生活と法律研究所
発行者　伊藤滋
印刷所　横山印刷株式会社
製本所　新風製本株式会社

発行所　㈱自由国民社

〒171-0033　東京都豊島区高田 3-10-11　振替 00100-6-189009
TEL［販売］03(6233)0781［編集］03(6233)0786
http://www.jiyu.co.jp/